下田直子　手芸のイデー
Idées d'artisanat

日本ヴォーグ社

All Items 01-33

手芸を楽しむアイディア

季節ごとにメーカーでデザインをしていた頃から長い時が経ち
手芸家になって37冊目の本になりました
ここ何年かは好きだった新宿伊勢丹にも
刺激されるものもなくて面白くないなと思っていました
ファッションに振り回されないように意識していましたが
久々にファッション誌を開いてみてちょっとびっくりしました
プリント布に水玉をオンした服
織り柄に刺しゅうのバッグ
そして久々のデパートチェック
大人のおもちゃ箱でした
特に新鮮に思えたのはバッグに着けるストラップとチャームでした
パンダモチーフのコインパースチャームを
“大人買い”して気分よく帰って来ました
最初につくったチャームが「たわしガール」と命名された人形チャームです
そこから「囍」柄のチャイナボール
ブルガリアの鳩
愛猫だった「はなちゃん」…
大好きなボタンやアクセサリーパーツを使って
クロッシェやビーズ編みで次々と作っていました
こんな勢いのある夢中な感じが手づくりの醍醐味だなと思います
この本にはそんな手芸大好きな気持ちで作ったアイディアが
たくさん詰まっています
お好きなものを選んで作ってみてください

下田直子

CONTENTS

アートディレクション　大黒大悟
デザイン　大黒大悟、常橋恵美
撮影　白井 亮
編集　森岡圭介、石原賞子（P49－103）

Art Direction　Daigo Daikoku
Design　Daigo Daikoku, Emi Tsunehashi
Photography　Ryo Shirai
Editing　Keisuke Morioka, Shoko Ishihara（P49－103）

この本に関するご質問は、お電話または Web で

書名／下田直子 手芸のイデー　本のコード／NV70467　担当／森岡圭介
TEL／03-3383-0645（平日 13:00～17:00 受付）
Web サイト／「日本ヴォーグ社の本」http://book.nihonvogue.co.jp/
※サイト内〝お問い合わせ〟からお入りください。（終日受付）
（注）Web でのお問い合わせはパソコン専用となります。

01

ビジューとクロッシェ

今、とても新鮮に見えるビジューと、クロッシェのモチーフを組み合わせました。
清潔感のあるアイスグレイの生地にダーツを入れた台形のかたちが
クラシックで気に入っています。白く光る舟形と四角のビジュー、
黒くツヤのあるクロッシェのモチーフが響き合って、上品に仕上がりました。
芯地をしっかりと貼ることで、かたちを整えています。 作り方 —— 52 ページ

「ビジューとクロッシェ」と同じかたち、同じ技法で土台を仕立てます。
このように地布と素材と刺しゅうの図案、テクニック、持ち手を変えると別物になります。
スパングルのモチーフを編んで、大小のドット柄のように配置し、
小枝の斜め刺し図案と合わせて。淡いグリーンの平織生地に
馴染むようにデザインしました。 作り方 —— 54 ページ

02

スパングルの水玉

03

中国のマム

中国の古いテキスタイルから起した「マム（菊）」の図案で
ビーズとリボンで刺しゅうを施しています。台形のかたち、制作過程は、
01、02 と同じですが、オリエンタルな雰囲気にしたかったので、
この図柄、土台布を選びました。和装にもよく合うと思います。
作り方 —— 56 ページ

04

花と木の葉・ビーズとリボン

四角いまちつきのバッグはツートーンの地に、花の立体ビーズモチーフを編んで留めつけ、
葉っぱはグリーンの色にこだわらずにきれいな色を選び、リボン刺しゅうで刺しました。
全体のトーンを明るくまとめています。日常使いのバッグなので、
リボン刺しゅうは、裏からアイロンを当て、引っかからないように配慮しています。
持ち手はアフリカ製の黄色いガラスビーズにワイヤーを通して使用しています。

作り方 —— 58 ページ　※デザイン協力：株式会社 MIYUKI

05

リボン刺しゅうの双子バッグ

一見、四角く平たい
トートバッグに見えますが、
二つの袋を2カ所で縫い合わせて、
真ん中にも小さなポケットができる方法で
双子バッグになっています。
図案のポイントになる
大きな花のリボン刺しゅうは
プリーツサテンリボンを平らに使い、
がくの部分とつながった
刺しゅうで留めつけています。
マットなリボンとつややかなリボンで
バランスをとって、全体を
落ち着いた色合いにまとめています。
作り方 ── 62 ページ

06

スモッキング 2つの顔

ウールの上質な生地にスモッキング。
全面（P16）にはスモッキング本来の表面を、
後ろ側にはわざとスモッキングの糸かがりが見える裏面を使います。
持ち手は樹脂の黒いチェーンタイプを選びました。
品の良いスモーキーピンクのウール地が素敵です。
作り方 —— 66 ページ

07

ウールリボン刺しゅうのラウンドバッグ

平織りのウール地を丸い形に裁って、
半円形の口金を取りつけたラウンドバッグ。
リボン刺しゅうの素材にはフックドラグ用ウールの
裂き布を使いました。淡いきれいな色のパステル系の花と、
黒の茎が交差するところがデザインのポイントです。
バッグの土台と裂き布素材の色のトーンをそろえて、
ところどころに差し色としてブラウンやピンク、ブルー等を加えます。
革１本の持ち手で軽快なイメージに。
作り方 —— 64 ページ

下段左から２番目のチャーム／
素材、デザイン共にエル・ミューゼ（参考作品）

手作りバッグチャームが気になって、
楽しくどんどん作ってしまいました。
手持ちのバッグの表情が一変して、
おしゃれっぽさとかわいさを増してくれます。

08

ビーズボールチャーム

イタリア製のきれいなナスかんを見つけて、
ビーズボールチャームを作ってみました。
いろいろなかたちの大玉のビーズを選んで、
ビーズボールと組み合わせてみてください。
ストラップにはゴム製の弾力のある紐を
使用しています。 作り方 —— 68 ページ

09

ビーズボールチャーム

黄色と黒を差し色にすると締まった印象になります。
ビーズボールと大玉ビーズの色の組み合わせを、
同系色にしたり、モノトーンにしたり、
反対色にしたり、と工夫して
さまざまなチャームを作りましょう。
作り方 ── 69 ページ

10

ダブルハピネスのボールチャーム

中国の故事から、おめでたいことが重なったときの文字とされる「囍」（英語でダブルハピネス）をモチーフに、雷文と組み合わせたモチーフを25番刺しゅう糸1本取りで刺しました。少しゆがんだ文字でもかえって、かわいく見えるから不思議です。　作り方 —— 71ページ

11

はなちゃんのチャーム

家で飼っていた猫の「はなちゃん」をモデルに
ありし日の面影を再現してみました。外郭線を描いて
切り抜き、顔と足の部分は刺しゅうのラインで表現します。尻尾は細編みで立体的に。あなたもかわいいペットをチャームにしてみてはいかがですか。
作り方 —— 72 ページ

12

鳩のチャーム

以前、ブルガリアの切手のデザインから、
鳩の刺しゅう作品を作ったことがあります。
そのデザインを立体的にぬいぐるみの
チャームに仕立ててみました。
作り方 —— 74 ページ

クロッシェとフェルトのチャーム

13

14

強撚のハードな糸を使って葉っぱのモチーフを編んで、
生成りの地厚なフェルトに貼って切り抜きます。
オーナメントやストラップで、色や形のアクセントを
つけます。　作り方 —— 75 ページ

15

16

同じ糸でも透かし編みにすることで表情が変わります。
こちらは黒のストラップでメタルのナスかんが編み地の
やさしいイメージを引き締めています。
作り方 —— 77 ページ

17

たわしガールのチャーム

小さなからだに手芸の楽しさをたくさん詰め込んで。
細編みの部分を固く、きちっと編むことがポイントです。
たわしのような頭はポンポンを作る要領で
引きそろえたラフィアを巻き、刈り込みます。
ユーモアのある表情がかわいい人形チャームです。
作り方 —— 78 ページ　※29 ページの人形は参考作品

18

ネイティブアメリカン風のショルダーストラップ

ネイティブアメリカン風のショルダーストラップ。
革専門店で切り出してもらった革に
手芸用のパンチで穴をあけて、コードをクロスステッチ。
メタルのコンチョやターコイズブルーのビーズで装飾します。

作り方 —— 80 ページ

19

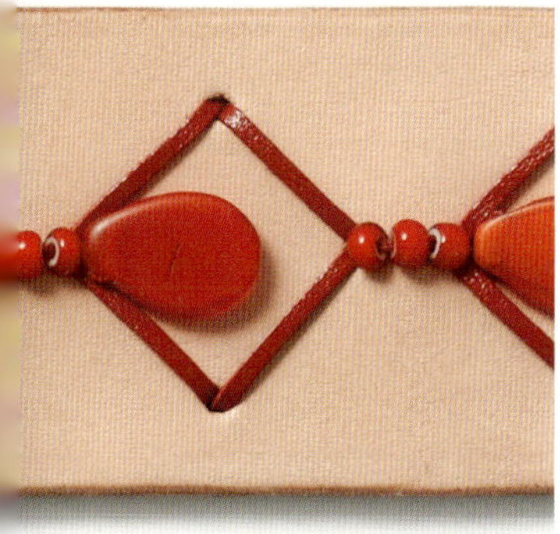

エスニック風のショルダーストラップ

エスニック風のショルダーストラップ。
ヌメ革に赤のアフリカンオーナメントやビーズを刺しゅうします。
両サイドにはナスかんをつけて手持ちのバッグに。

作り方 —— 80 ページ

20

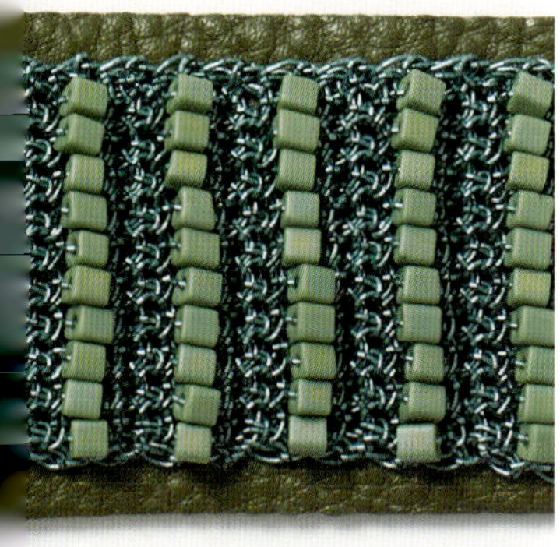

四角ビーズ編みのショルダーストラップ

四角いカラービーズを和紙入りのレーヨン糸に
編み入れて、革のストラップに縫いつけます。
革の色とビーズの色を合わせると馴染みがよくなります。

作り方 —— 81 ページ

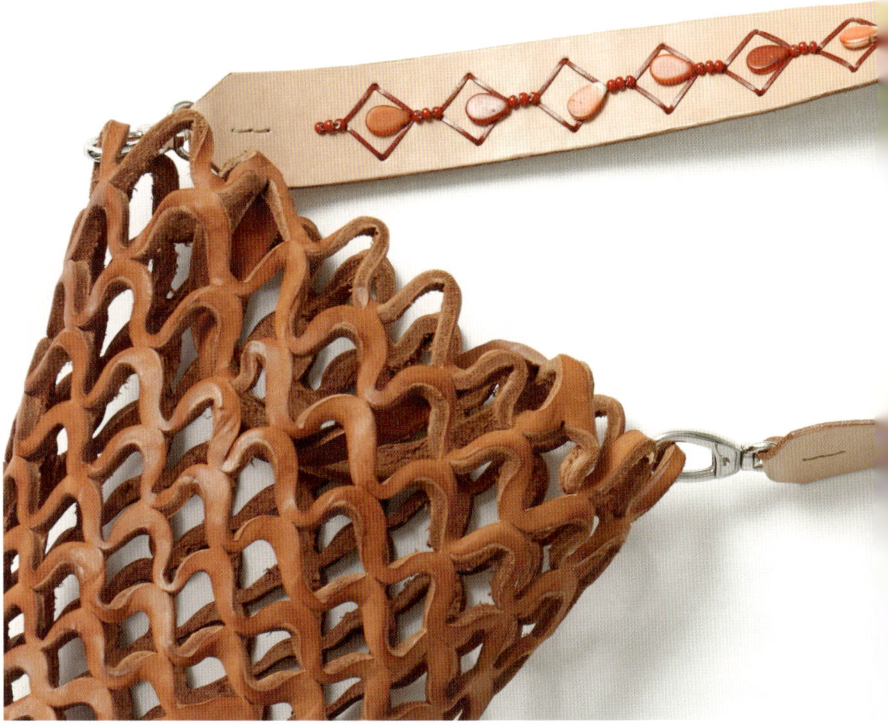

ショルダーストラップの両端には
大きめのリングつきのナスかんを取りつけます。
バッグの素材やテイストに合わせて作って
つけ替えてみましょう。※バッグは市販品です。

21
四角ビーズ編みのチョーカーネックレス

四角ビーズをチューブ状に編んで環《わ》を作りながら、
鎖状につないでチョーカーネックレスに。
黒いビーズとつや消しのシルバー、
玉虫色グリーンのビーズを交互につないで
変化を出します。　作り方 —— 82 ページ

22 四角ビーズ編みのブローチ

チョーカーネックレスのパーツを、
少し小さく編んでブローチにしました。
色とりどりの四角ビーズと和紙入りのレーヨン糸の
色の組み合わせでバリエーションを出します。
作り方 —— 83 ページ

23 四角ビーズ編みのブレスレット

ネックレスとブローチと同じ編み方で
ブレスレットも作りました。
それぞれのビーズと同系色の糸との色合わせを
考えるのも楽しいものです。　作り方 —— 84 ページ

※デザイン協力：ファッション・パーキー

24
グラニーズ

グラニースクエアのモチーフで編みつないだバッグ。
グリーンとブルー系の糸を主体に
隣にくる色がきれいに見えるようにデザインしています。
織用の堅めの糸でしっかりと編みます。
作り方 —— 86 ページ

25
組紐バッグ

クロッシェで編んだブレード状の編み地を組紐状に
組んでつないだバッグです。コード状の糸でしっかり
した編み地を作るところがポイント。
内袋をつけているので日常使いに便利です。
楕円形の大きな持ち手でバランス良く上品な仕上がりに。
作り方 —— 88 ページ

26

ヘアリーなボールバッグ

ヘアリーなループヤーンでモチーフを編み、
サッカーボールのようにつないだ球形のバッグ。
ブルーとグレーのモヘア入り引きそろえ糸が複雑な表情を
生み出しています。　作り方 —— 94 ページ

27

ビーズ編みの巾着

アンティーク風の薄いグリーンのビーズをかぎ針で
編み込みながら、巾着を作りました。
和装にも洋装にも合うようにデザインしています。
作り方 —— 90 ページ

28

クロッシェのがま口

かぎ針でコードヤーンを編んだがま口。四角く編んで、角型のがま口を取りつけることで台形の形を作り出しています。黒い糸を使うことで、シックな雰囲気になりました。 作り方 —— 85 ページ

29

クロッシェのがま口

28の色違いです。一転して灰味ブルーの落ちついた印象です。
作り方 ── 85ページ

30 花型スパングルのがま口

定番のスパングルのがま口に、
5 弁の花型のスパングルを使用しました。
黒のロー引き糸でしっかりと編み込んで仕上げます。
作り方 —— 93 ページ

31 花型スパングルのがま口

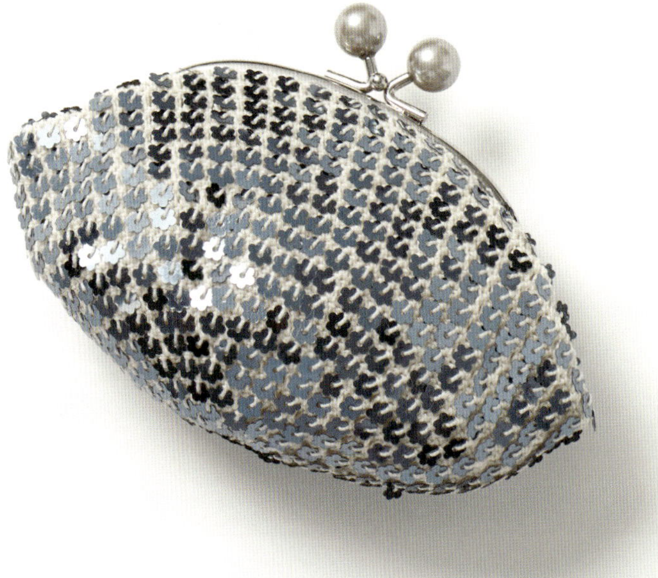

こちらは 6 弁の花型スパングルを使用しました。
銀色に輝く表面が「大人かわいい」印象です。
作り方 —— 93 ページ

32 花模様のビーズのがま口

赤と銀のビーズで花柄を
編み込んだがま口（写真下の作品）。
好みのオーナメントを根付けとしてつければ、
雰囲気も盛り上がります。※写真上の２つは参考作品

作り方 —— 96 ページ

33

縞々の小さなビーズのがま口

グリーン系と赤系の縞模様の小さながま口。
コインパースとして革ひもを取りつけて、
首から下げられるようにしてもおしゃれで便利です。
作り方 —— 49 ページ

33

48ページの作品

縞々の小さなビーズのがま口

◎用意するもの

糸…DMCコットンパール8番糸 **グリーン系S** 灰味薄グリーン（640）、**赤系S** 濃いオレンジ（920）各5g **グリーン系L** 灰味薄グリーン（640）10g ビーズ…MIYUKI デリカビーズ丸（11/0）**グリーン系S** 黄緑（DB-1786）344個 黒（DB-10）316個 水色（DB-1782）312個 白（DB-883）260個 緑（DB-274）176個 **赤系S** オレンジ色（DB-1780）488個 赤（DB-791）344個 黒（DB-10）316個 白（DB-883）260個 **グリーン系L** 黒（DB-10）564個、白（DB-883）508個、緑（DB-274）392個、黄緑（DB-1786）376個、水色（DB-1782）344個 口金…パーツクラブ S 約3.5×5cm 銀（NO.00579-R）、L 約4.3×6.5cm 銀（NO.00544-R）各1個 ファイヤーライン…6LB適宜

針…レース針4号

◎でき上がりサイズ

S 幅約7cm、深さ約4cm **L** 幅約9cm、深さ約5.5cm（口金含まず）

※作り方ポイントは50ページへ続きます。

Sサイズ

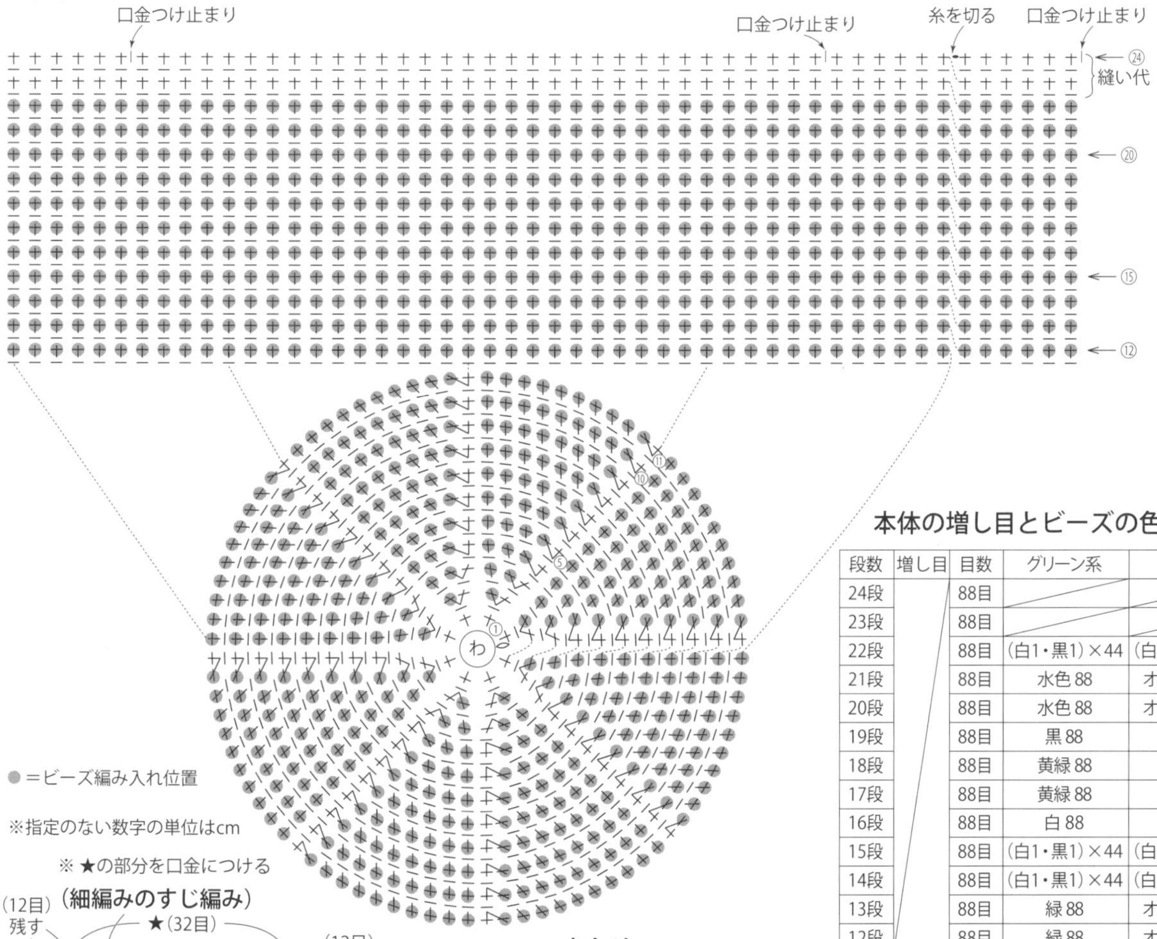

●＝ビーズ編み入れ位置

※指定のない数字の単位はcm

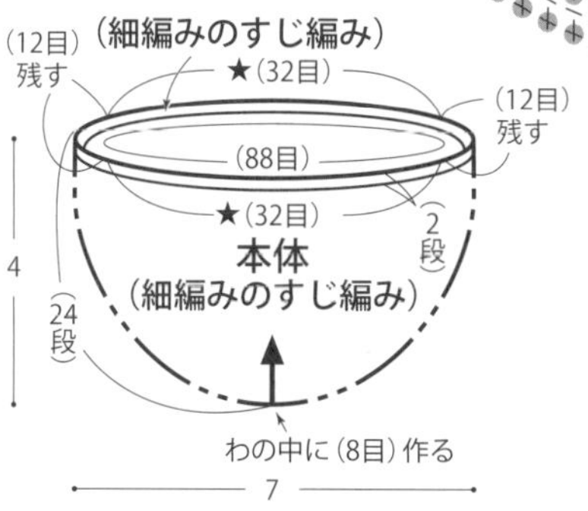

※すべてレース針4号で編む
※ 裏目側を表に使用

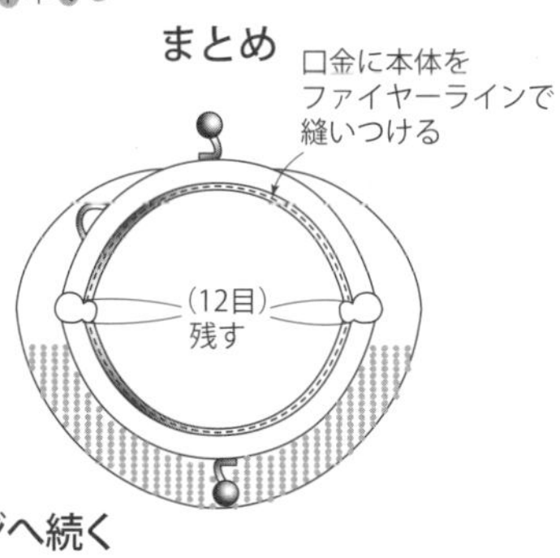

※50ページへ続く

本体の増し目とビーズの色と数

段数	増し目	目数	グリーン系	赤系
24段		88目		
23段		88目		
22段		88目	(白1・黒1)×44	(白1・黒1)×44
21段		88目	水色88	オレンジ色88
20段		88目	水色88	オレンジ色88
19段		88目	黒88	黒88
18段		88目	黄緑88	赤88
17段		88目	黄緑88	赤88
16段		88目	白88	白88
15段		88目	(白1・黒1)×44	(白1・黒1)×44
14段		88目	(白1・黒1)×44	(白1・黒1)×44
13段		88目	緑88	オレンジ色88
12段		88目	緑88	オレンジ色88
11段	+8目	88目	(白1・黒1)×40	(白1・黒1)×40
10段	+8目	80目	水色72	オレンジ色72
9段	+8目	72目	水色64	オレンジ色64
8段	+8目	64目	黒56	黒56
7段	+8目	56目	黄緑48	赤48
6段	+8目	48目	黄緑40	赤40
5段	+8目	40目	黄緑32	赤32
4段	+8目	32目	黄緑24	赤24
3段	+8目	24目	黄緑16	赤16
2段	+8目	16目	黄緑8	赤8
1段		8目		

↓こちらから通す

Lサイズ

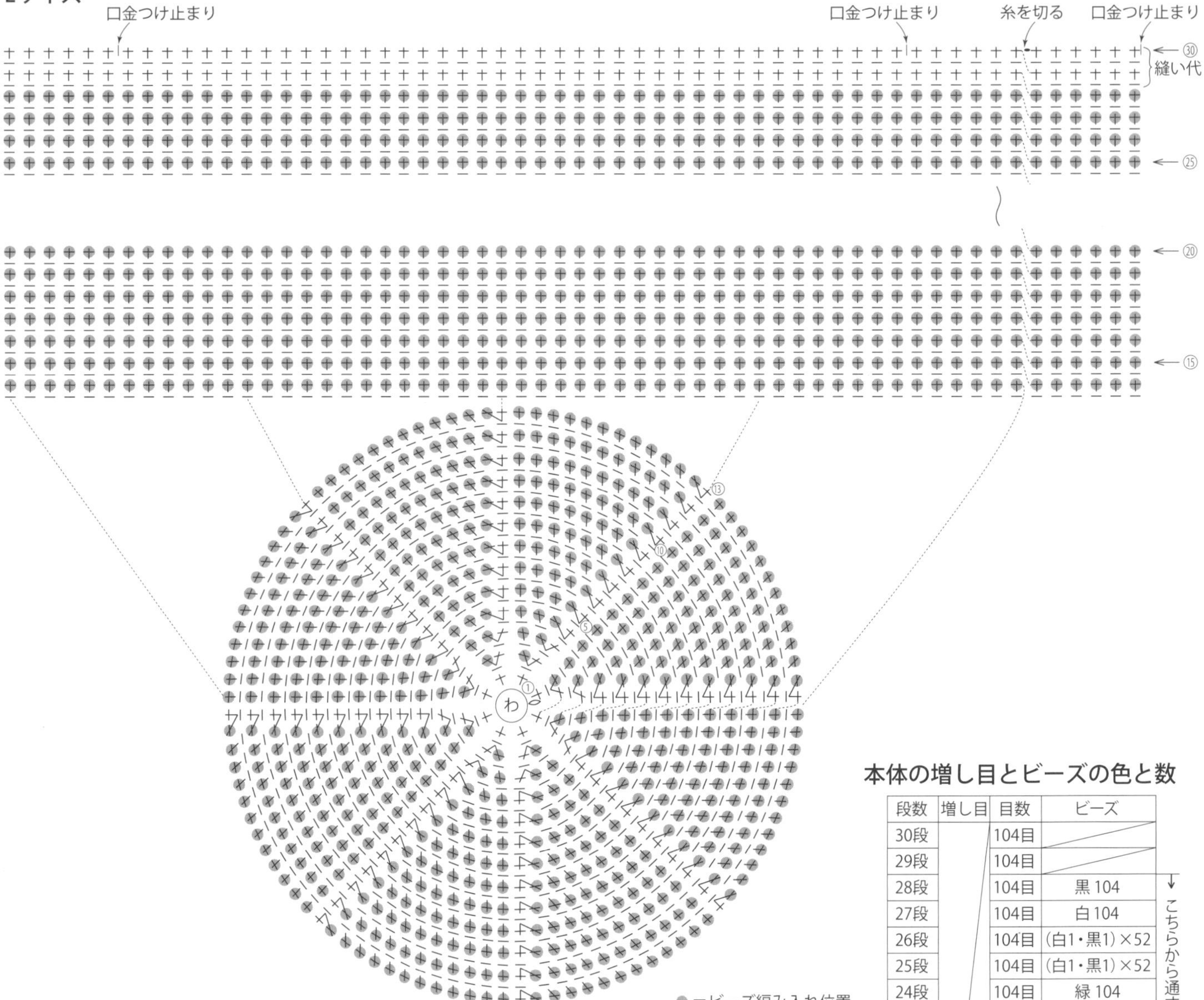

●＝ビーズ編み入れ位置

※ ★の部分を口金につける

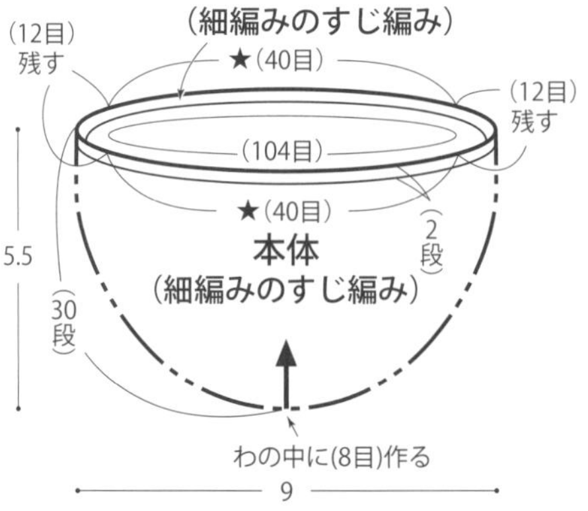

※すべてレース針4号で編む
※ 裏目側を表に使用

※ まとめ方は49ページ参照

※指定のない数字の単位はcm

◎作り方ポイント

ビーズは糸に必要数を通しておきますが、編み終わり側から通します。底から2回巻きのわの作り目をして編み始め、2段めからビーズを編み入れます。細編みは前段の向こう側半目をすくうすじ編みで、立ち上がりの鎖は編まないでぐるぐる編み進みます。本体の両脇に12目ずつ残し、口金にファイヤーラインで平均に目をとばして半返し縫いでつけます（口金のつけ方は96ページ参照）。

本体の増し目とビーズの色と数

段数	増し目	目数	ビーズ
30段		104目	
29段		104目	
28段		104目	黒 104
27段		104目	白 104
26段		104目	(白1・黒1)×52
25段		104目	(白1・黒1)×52
24段		104目	緑 104
23段		104目	緑 104
22段		104目	(白1・黒1)×52
21段		104目	水色104
20段		104目	水色 104
19段		104目	黒104
18段		104目	黄緑 104
17段		104目	黄緑 104
16段		104目	白 104
15段		104目	(白1・黒1)×52
14段		104目	(白1・黒1)×52
13段	+8目	104目	緑 96
12段	+8目	96目	緑 88
11段	+8目	88目	(白1・黒1)×40
10段	+8目	80目	水色 72
9段	+8目	72目	水色 64
8段	+8目	64目	黒 56
7段	+8目	56目	黄緑 48
6段	+8目	48目	黄緑 40
5段	+8目	40目	黄緑 32
4段	+8目	32目	黄緑 24
3段	+8目	24目	黄緑 16
2段	+8目	16目	黄緑 8
1段		8目	

↓こちらから通す

本体の型紙とアップリケの図案　※150%に拡大して使用する

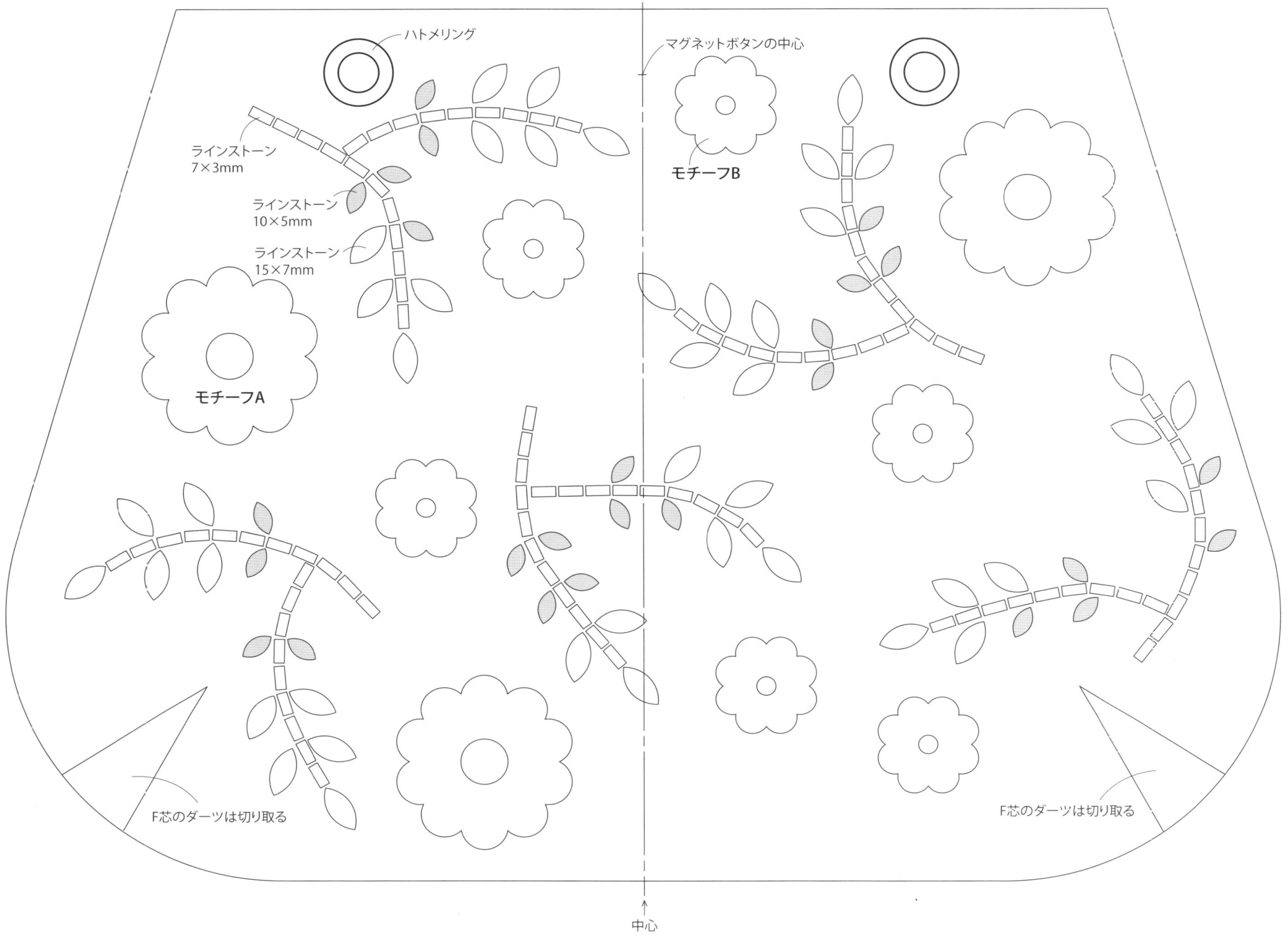

01

6ページの作品

ビジューとクロッシェ

◎用意するもの

表袋用布…サマーウール　グレー80×30cm　中袋用布…シルクシャンタン　若草色100×30cm　接着芯…中厚芯80×80cm　F芯70×31cm　糸…モンドフィル　GOMMINA（ゴミナ）…黒（NERO）9g　縫いつけラインストーン…クリスタル　7×3mm・100個　15×7mm・43個　10×5mm・26個　ビニールリング…直径15mm・3個　直径8mm・6個　持ち手…INAZUMA（YAK-6554S）　黒（#11）1組　マグネットボタン…直径1.8cm　銀1組　ハトメリング…内径1.1cm　外径2cm　銀4組

針…レース針2号

◎でき上がりサイズ

幅約32cm　深さ約24cm（持ち手含まず）

◎作り方ポイント

モチーフA、Bはビニールリングに編みつけて編み始め、指定の枚数を編んでおきます。本体の表袋布、中袋布、中袋ポケットとも中厚芯を貼り、表袋布の前面に各パーツを縫いつけます。中袋はポケットを作ってつけておき、袋口にF芯を貼り、マグネットボタンをつけます。表袋、中袋ともダーツを縫い、縫い代に切り込みを入れて割ります。表袋、中袋をそれぞれ中表に合わせて縫い合わせます。表袋は表に返して裏側にF芯を貼ります。袋口をでき上がりに折り、中袋を入れてまつりつけます。ハトメリングを取りつけ、ハトメリングに持ち手（革の部分を長さ37cmにカットしておく）の金具を取りつけます。

本体

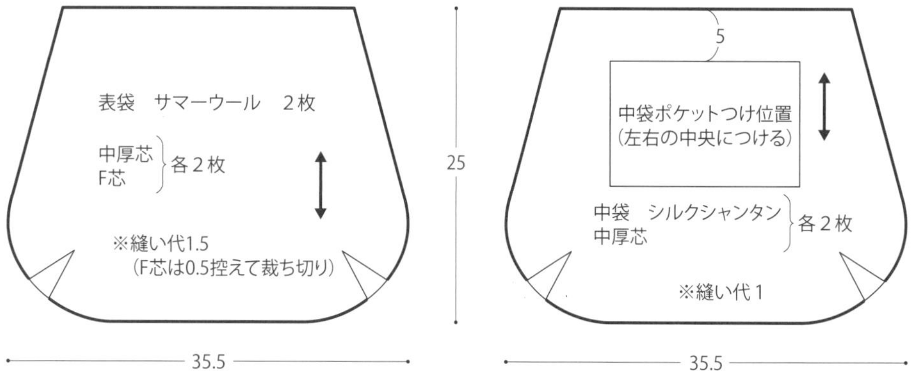

※指定のない数字の単位はcm

中袋ポケット

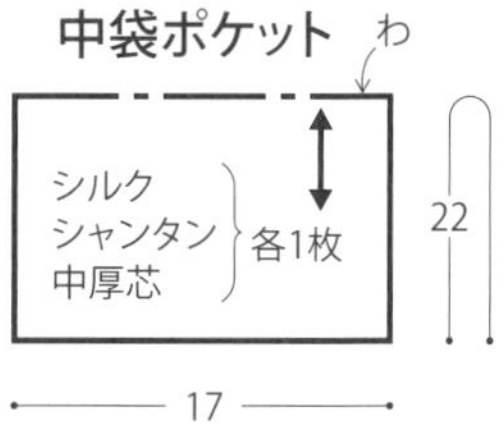

※縫い代1

中袋ポケット

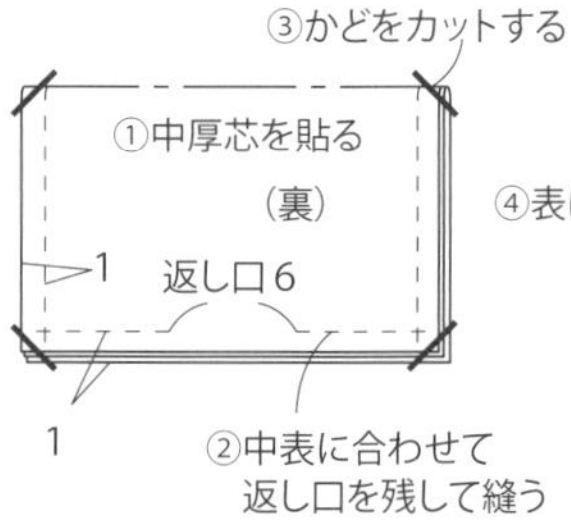

1 表袋を作る

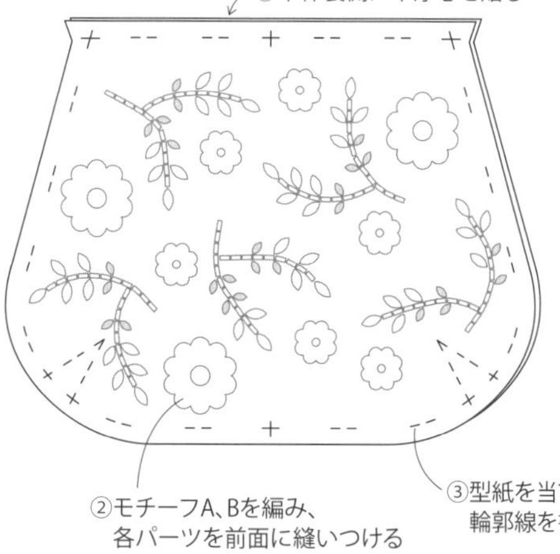

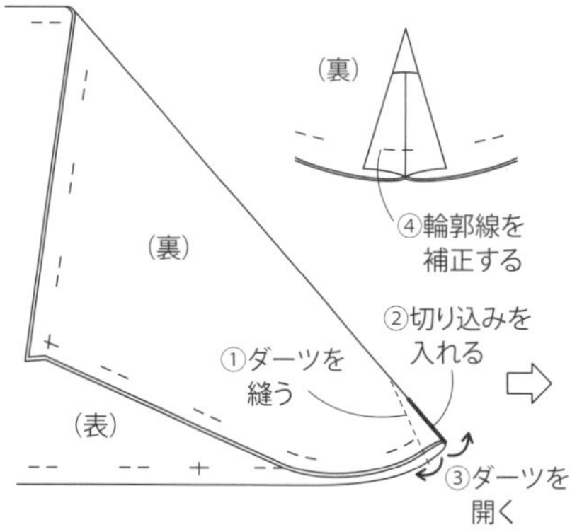

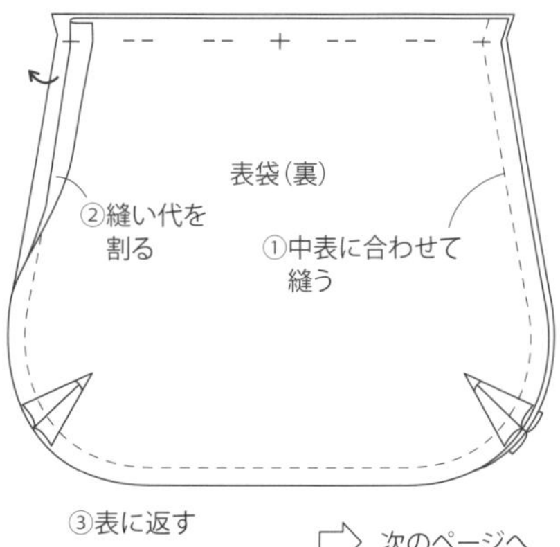

次のページへ

※本体の型紙とアップリケの図案は51ページに掲載

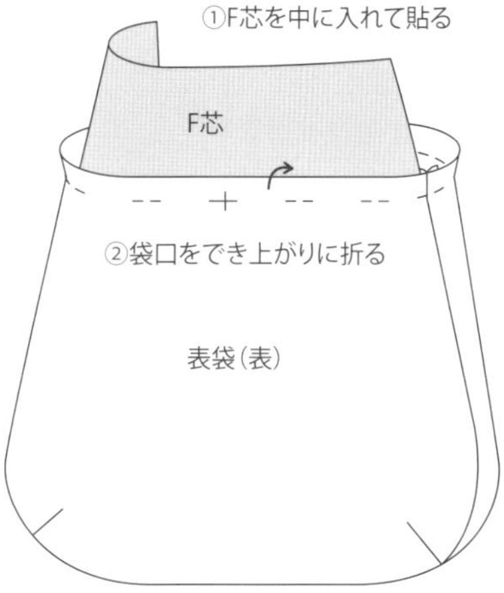

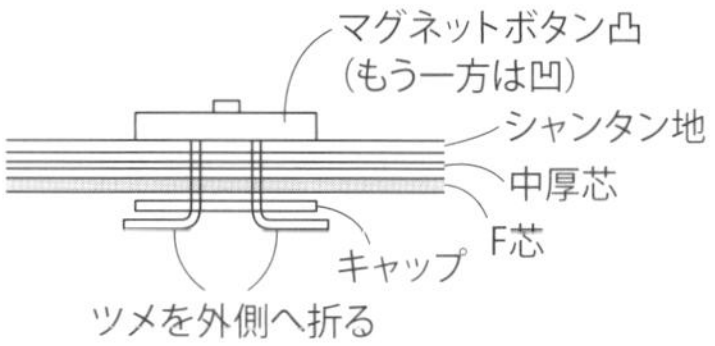

2 中袋を作る

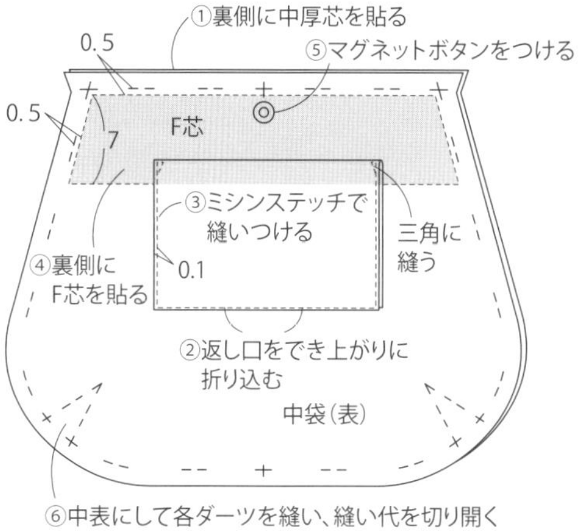

⑥中表にして各ダーツを縫い、縫い代を切り開く

⑦2枚を中表に合わせてでき上がりから0.1内側を縫い、
縫い代を割る

まとめ

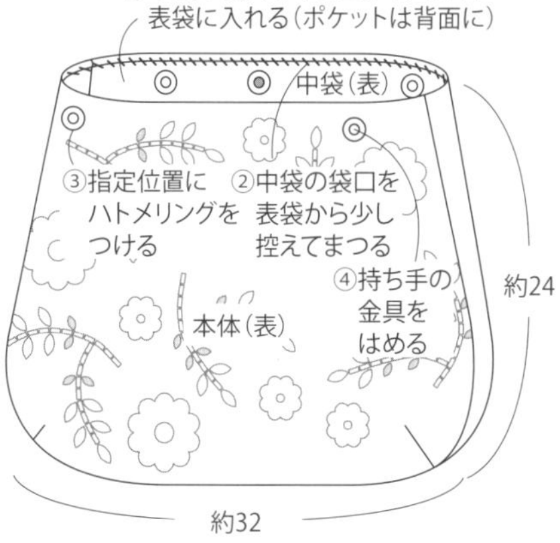

※指定のない数字の単位はcm

モチーフA レース針2号　3枚
直径 5

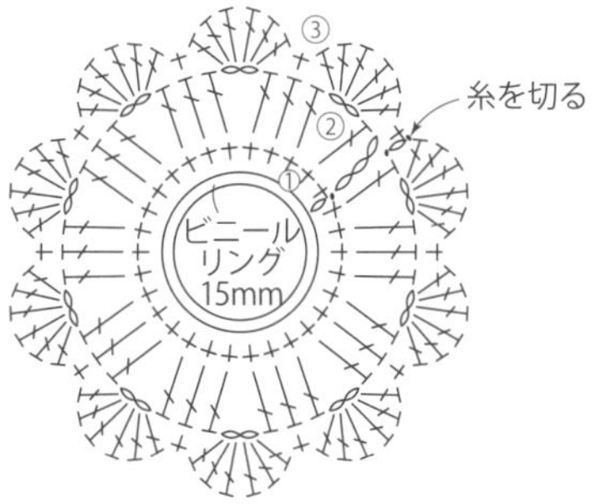

モチーフB レース針2号　6枚
直径 3

02の続き

モチーフI レース針4号

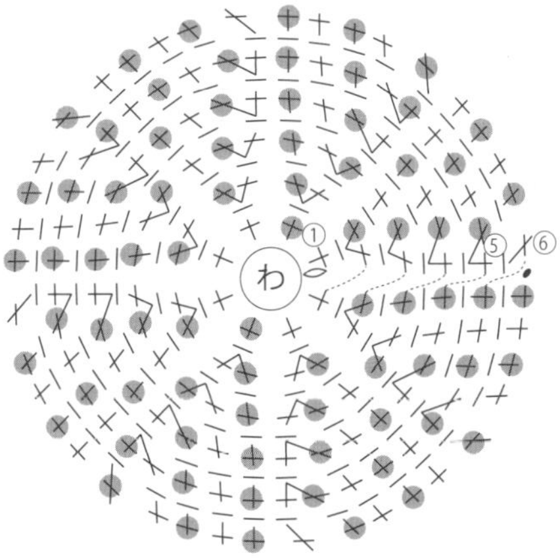

モチーフH レース針4号

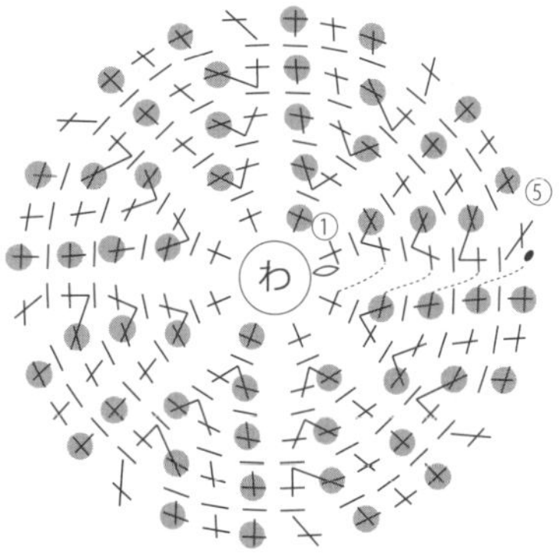

※各モチーフは最終段のあとに長編みを1段編む（54ページのモチーフA〜F、J、Kを参照）

まとめ

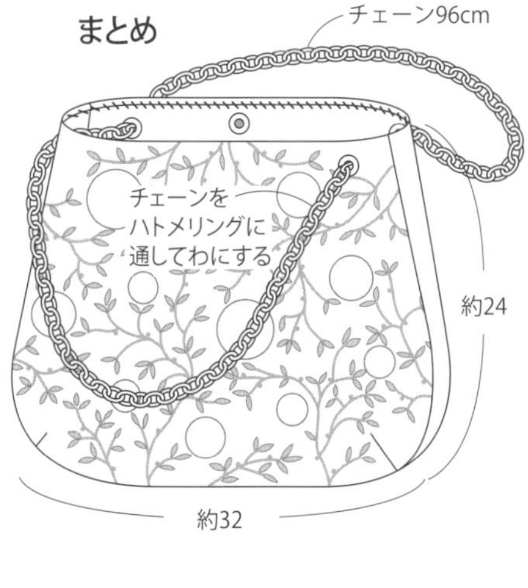

02

8ページの作品

スパングルの水玉

◎用意するもの

表袋用布…ウール地　灰味グリーン 80×30 cm　中袋用布…シルクシャンタン　薄いグリーン100×30 cm　接着芯…中厚芯 80×80 cm　F芯 70×31 cm　スパングル…ラティーフ 4 mm　表参照　糸…DMCコットンパール8番糸　灰味薄グリーン（640）、赤紫（3803）、ベージュ（ECRU）各適宜　アヴリル コットンギマ　チャコール（2）5g　タコ糸2号 26 m　くるみボタン…直径4cm2個　直径3cm3個　直径 2.5 cm2個　直径2cm4個　ウッドビーズ…直径4 mm　黒 50 個　チェーン…銀 96 cm　マグネットボタン…直径 1.8 cm　銀 1 組　ハトメリング…内径 1.1 cm　外径2cm　銀4組

針…レース針4号

◎でき上がりサイズ

幅約 32 cm　深さ約 24 cm（持ち手含まず）

◎作り方ポイント

各モチーフは必要数のスパングルを通しておき、スパングルを編み入れながら指定の段を編みます。最終段に長編みを1段編み、くるみボタンにかぶせます。本体は 01 と同じ要領（52、53 ページ参照）で作ります。ハトメリングにチェーンを通して、端のチェーンを少し広げてもう一方の端を入れてわにし、広げた鎖をとじます。

モチーフA・B・C・D・E・F・J・K　レース針4号

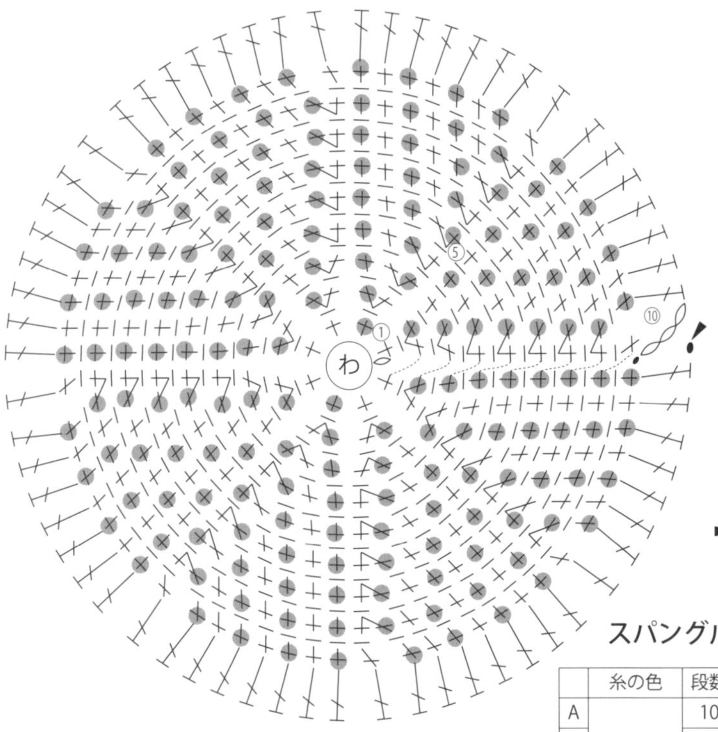

モチーフG　レース針4号

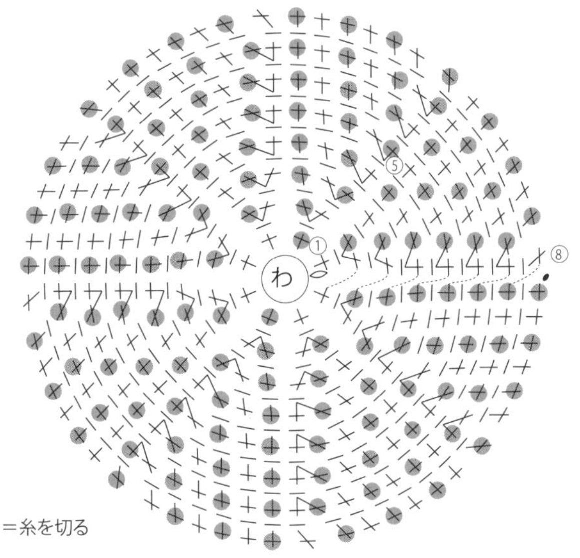

►＝糸を切る

※モチーフは最終段のあとに長編みを1段編む

●＝スパングル（2枚重ね）編み入れ位置

※ モチーフB、C、D、E、J、Kは指定の段数を編む

スパングルの色番号と枚数

	糸の色	段数	色番号	枚数	くるみボタン
A	灰味薄グリーン	10	BE-182	174×2	4
B		7	青味緑	82×2	2.5
C		8	BL-236	110×2	3
D		9	GL-442	142×2	3
E	赤紫	6	BR-384	58×2	2
F	ベージュ	10	BE-241	174×2	4
G	灰味薄グリーン	9	BE-182	138×2	3
H		6	GR-240	54×2	2
I		7	灰味緑	78×2	2.5
J	赤紫	6	PA-981	58×2	2
K	灰味薄グリーン	6	817	58×2	2

※ 段数は最終段のあとの長編みを含む

※ くるみボタンの数字は直径でcmを表示

※ B、Iのスパングルは限定色のため、色番はありません

モチーフのまとめ

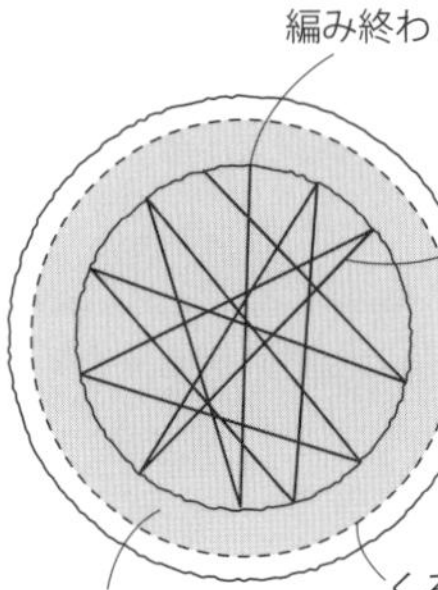
編み終わりの糸を使う
くるみボタンを包んで対角線に糸を渡す
くるみボタン
長編み

本体

※本体、中袋ポケットの仕立て方は52ページの01と同じ

表袋　ウール地　2枚

中厚芯
F芯
｝各２枚

中袋　シルクシャンタン
中厚芯
｝各２枚

※53ページへ続く

※st.＝ステッチ

本体の型紙と刺しゅう、アップリケの図案

※150%に拡大して使用する

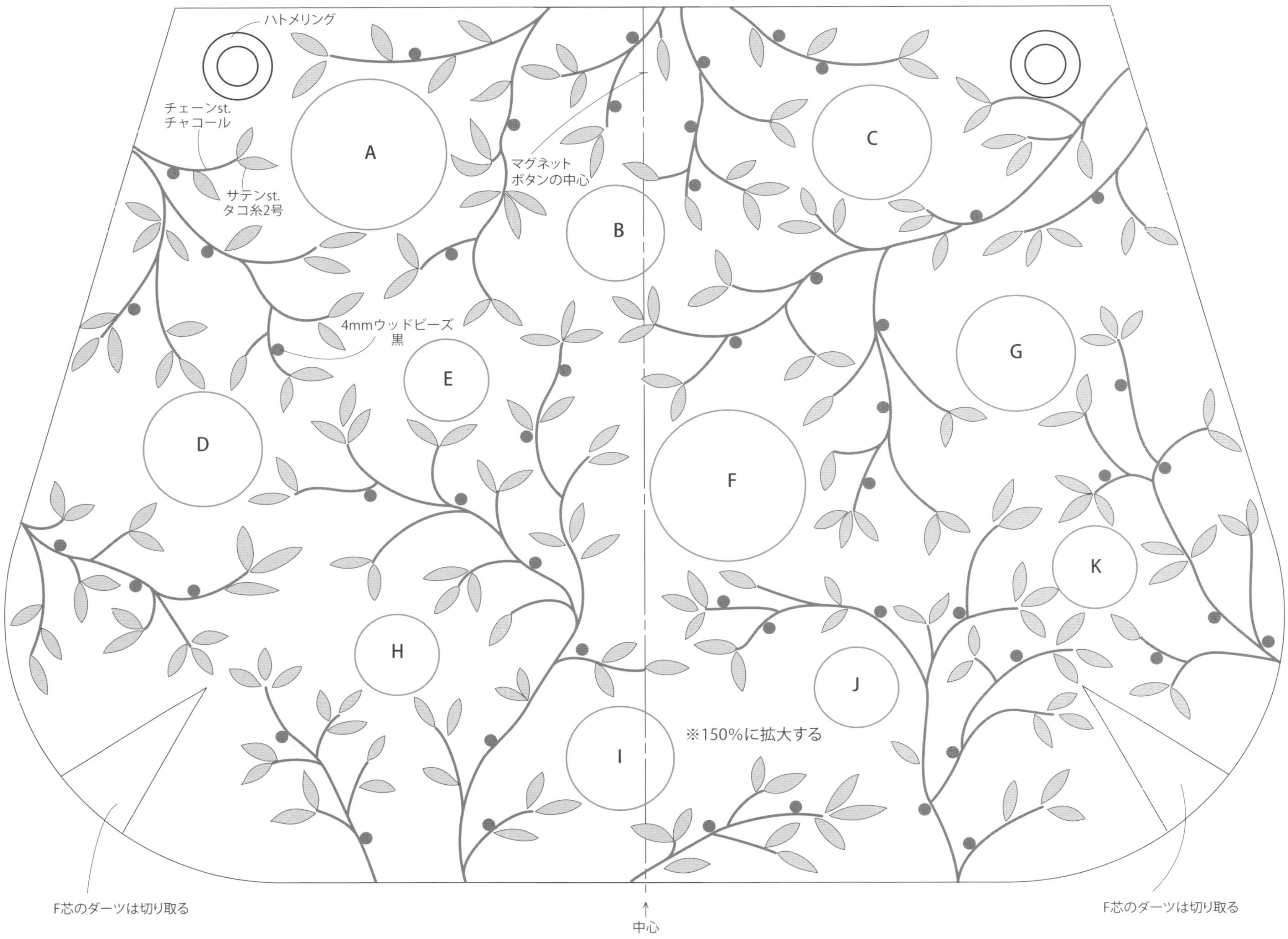

03

10 ページの作品

中国のマム

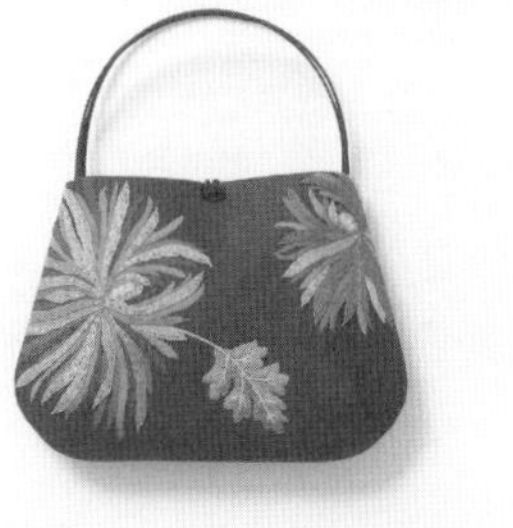

◎用意するもの

表袋用布…サマーウール　黒 80 × 30 cm　中袋用布…シルクシャンタン　茜色 100 × 30 cm　接着芯…中厚芯 80 × 80 cm　F芯 70 × 31 cm　ビーズ…MIYUKI　デリカビーズ丸（11/0）オペラピンク（DB -1184）、ローズピンク（DB -1807）、半透明白（DB -673）、つや消し赤（DB -796）、赤（DB -791）、ペールオレンジ（DB -622）、スリーカットビーズ…灰味オレンジ（642）、ベージュ（1295）各適宜　SR エンブロイダリーリボン…ローズレッド（605）、明るい赤（505）、オレンジ色（609）、濃い赤（575）、グレー（649）各適宜　糸…ヴィクトリアンシルク　ボタン色（97）、赤（202）各適宜　ホワイトレーン 16/3 適宜　8mm幅のチューブ状グログランリボン…黒、6mm幅のボーン芯各 90 cm　2cm幅のグログラン製ボタン…黒1個　3 mmの綿コード…黒 10 cm

◎でき上がりサイズ

幅約 32 cm、深さ約 24 cm

◎作り方ポイント

本体は 01 と同じ要領（52、53 ページ参照）で作りますが、中袋にマグネットボタンはつけません。持ち手はチューブ状グログランリボンにボーン芯を通しておきます。表袋袋口に綿コードと持ち手を縫いつけます。袋口をでき上がりに折って、中袋を入れてまつり、ボタンをつけます。

本体

※本体、中袋ポケットの仕立て方は 52ページの01と同じ

表袋　サマーウール　2枚

中厚芯、F芯 ｝各２枚

中袋　シルクシャンタン、中厚芯 ｝各２枚

持ち手　2本

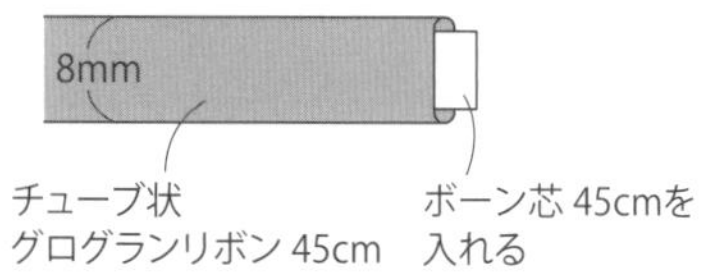

※指定のない数字の単位はcm

持ち手、ループをつける

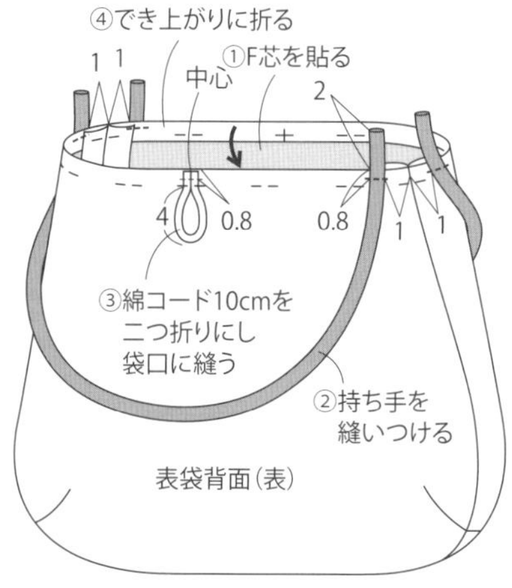

まとめ

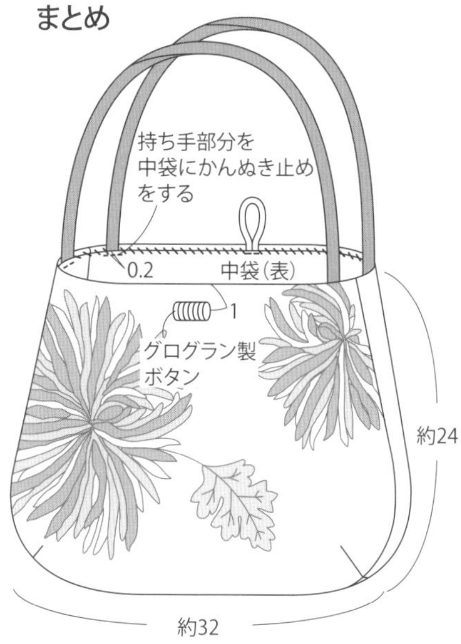

返し刺し

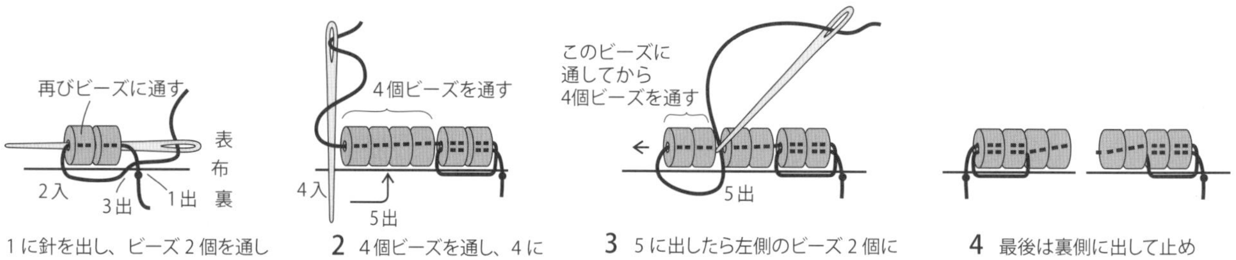

1　1 に針を出し、ビーズ 2 個を通します。2 に針を入れ、3 に出して、もう一度ビーズ 2 個に通します。

2　4 個ビーズを通し、4 に針を入れ、5 に出します。

3　5 に出したら左側のビーズ 2 個に通し、次に 4 個ビーズを通します。2、3 をくり返します。

4　最後は裏側に出して止めます。

本体の型紙と刺しゅうの図案

※150%に拡大して使用する

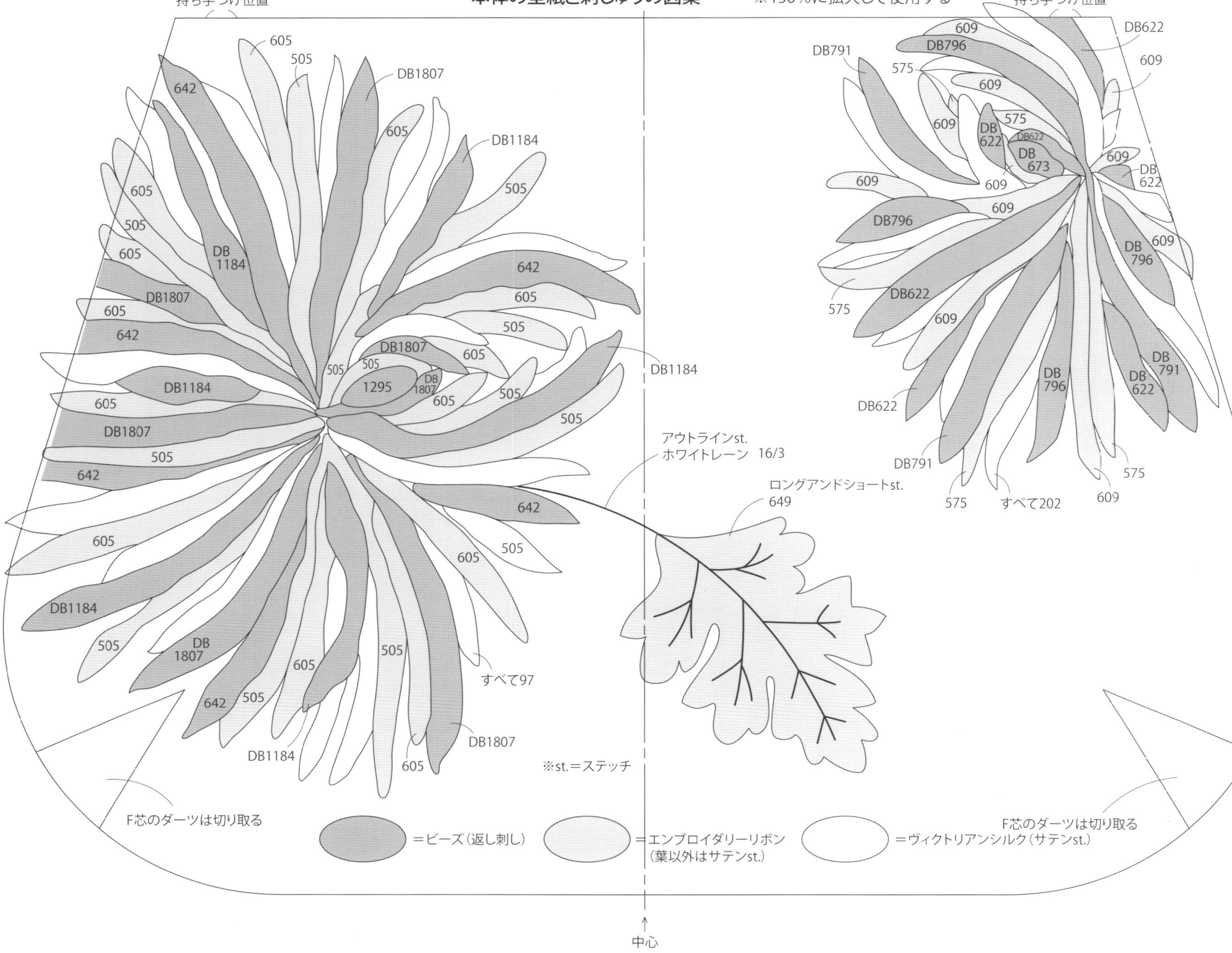

04

12ページの作品

花と木の葉・ビーズとリボン

◎用意するもの

表袋用布…綿グログラン　チャコールグレー70×35 cm　シルクシャンタン　グリーン25×35 cm　中袋用布…麻地　黄緑85×35 cm　接着芯…バイリーン芯81×65 cm　F芯60×22 cm　ポリ芯…22×7cm　ビーズ…MIYUKI　デリカビーズ丸（11/0）表参照　直径4mmの丸ビーズ…マット黒6個　オレンジ色7個　ベージュ、黒各8個　ビーズステッチ糸…適宜　MOKUBA　エンブロイダリーリボン（3.5 mm幅）…1546　緑味青、深緑、薄いカーキ、1540　黄緑各適宜　刺しゅう用糸…A．F．E．麻刺繍糸　ベージュ（L_902）適宜　直径8mmのガラス製丸ビーズ…黄100個　直径1.5 mmのワイヤー…90 cm　つぶし玉…4個　ハトメリング…内径1.1 cm　外径1.7 cm　銀4組

◎でき上がりサイズ

幅23 cm　深さ26 cm　まち幅8cm（持ち手含まず）

◎作り方ポイント

ビーズフラワーを必要個数作っておきます。表袋前面に切り替え布を中表に合わせて縫って表に開いておきます。裏側にバイリーン芯を貼り、刺しゅうとアップリケをします。表袋を仕立てて表に返し、前面、背面にF芯を貼ります。中袋はポケットを作っておき、袋口にF芯を貼ります。ポケットをつけてから仕立てます。底の裏側にポリ芯を縫いつけます。表袋、中袋とも袋口をでき上がりに折り、表袋に中袋を入れてまつりつけます。ハトメリングを取りつけ、ハトメリングに持ち手の8mmビーズを取りつけます。

本　体

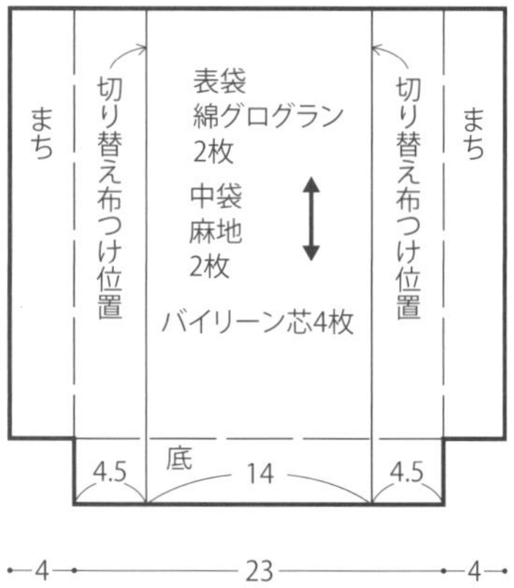

※縫い代は表袋は1.5
その他は1

表袋前面切り替え布

シルクシャンタン　各1枚

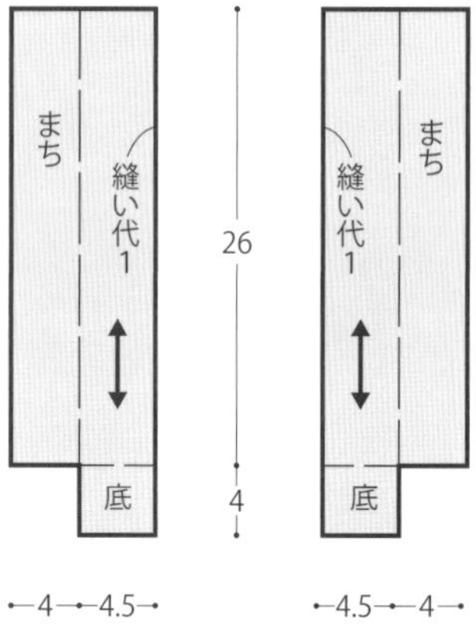

※縫い代1.5

※F芯、ポリ芯は裁ち切り

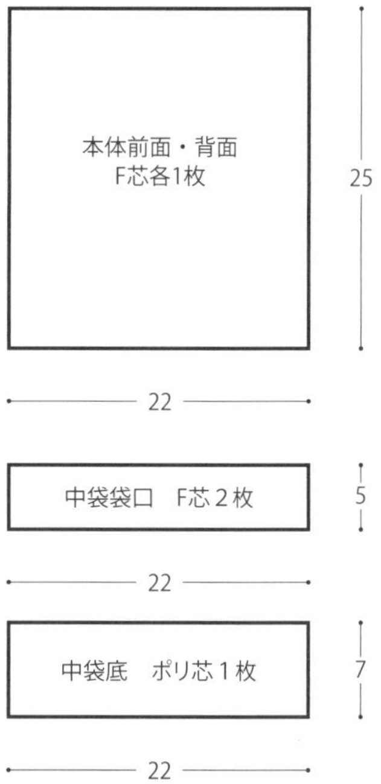

※指定のない数字の単位はcm

1 本体前面を作る

③ビーズフラワーを指定の色と数を作る
⑤縫い代を１に切り揃える

2 中袋を作る

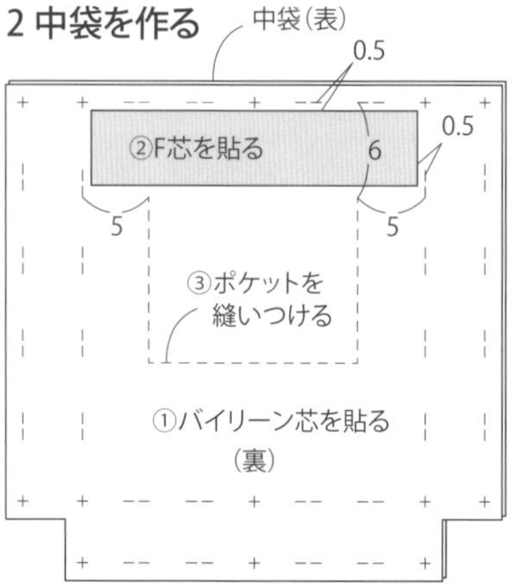

中袋ポケット

麻地・バイリーン芯各１枚

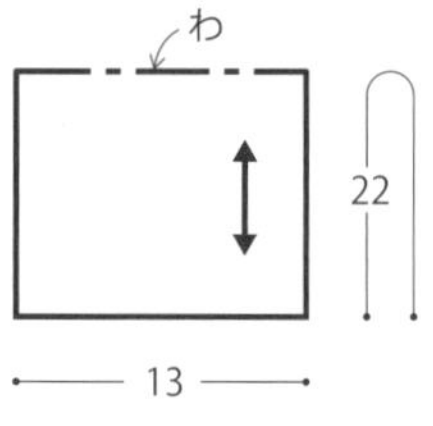

※縫い代1
※中袋ポケットの作り方は52ページの01と同じ

※本体の型紙と刺しゅうの図案は60ページに掲載

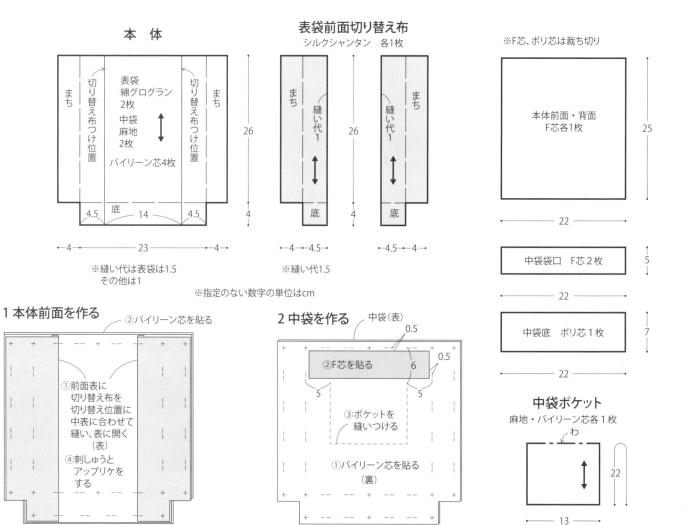

3 表袋、中袋をそれぞれ中表に合わせて脇・底を縫う

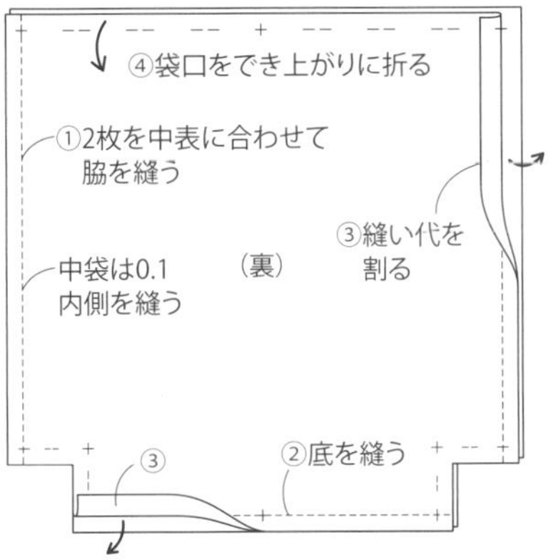

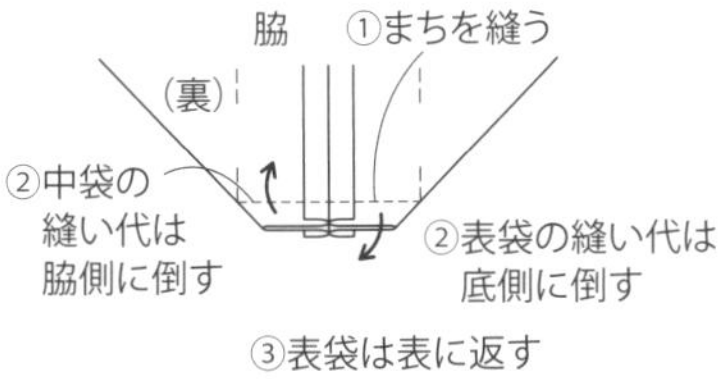

4 中袋底にポリ芯をつける

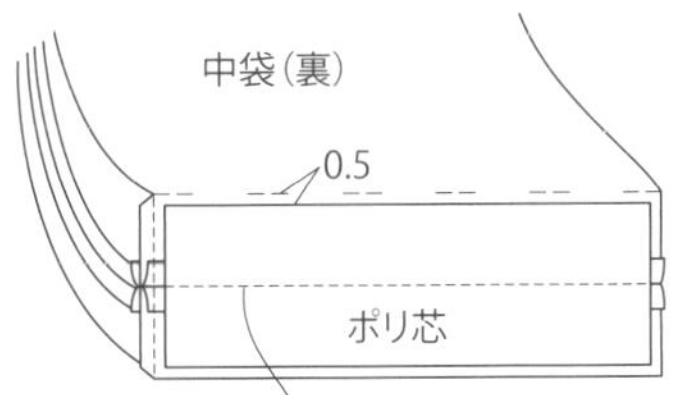

底の縫い目に表から落としミシンで
ポリ芯を縫いつける

※指定のない数字の単位はcm

持ち手　約40　2本

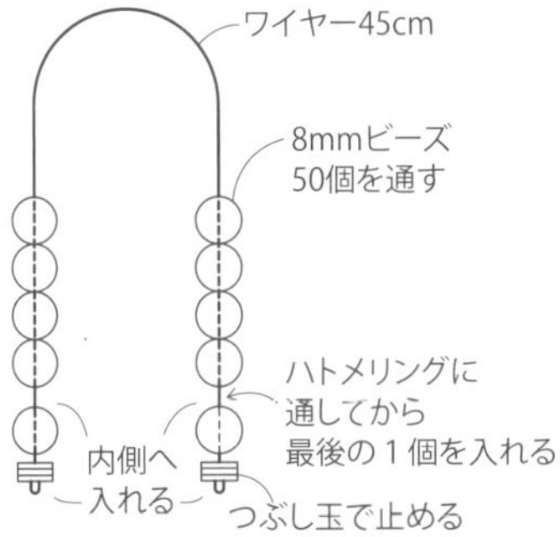

まとめ

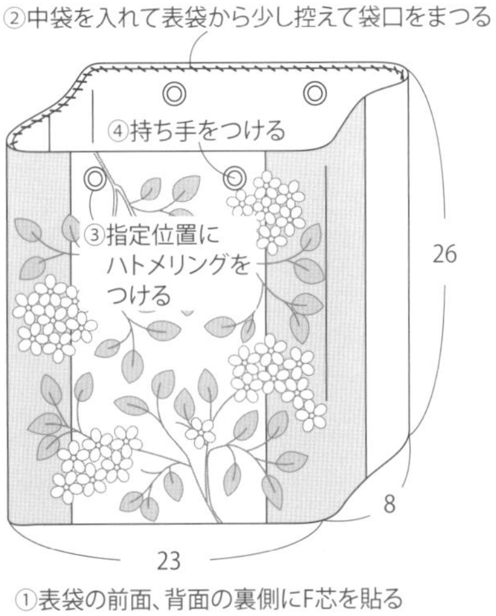

ビーズフラワー　1個分

花びら　5枚

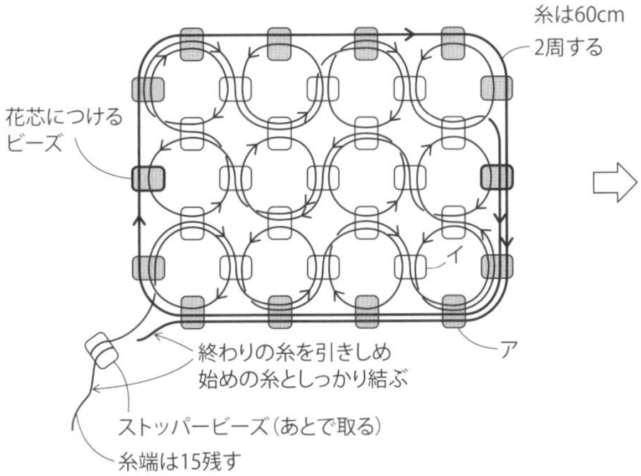

上から見た図

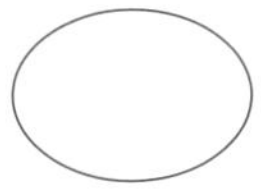

糸端はビーズ３個に
通して切り、楕円形に
整える

横から見た図

でき上がり

花芯　糸は80cm

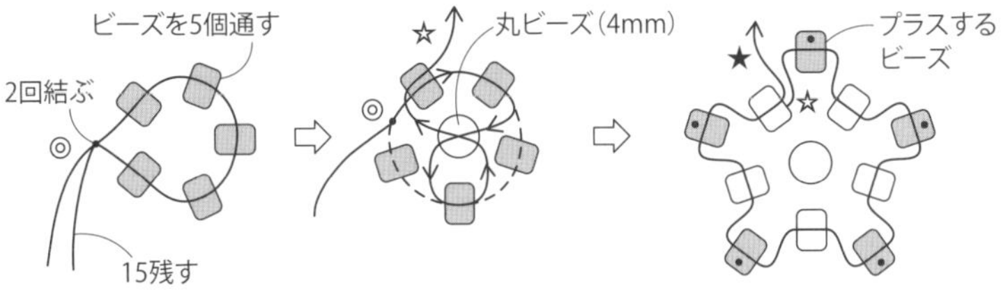

花芯に花びらをつける

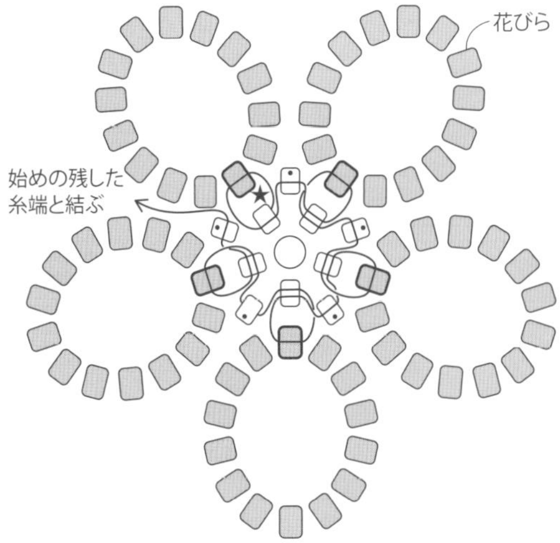

ビーズの数と色

	個数	ア　デリカビーズ丸（11/0）	イ　デリカビーズ丸（11/0）	丸ビーズ（4mm）
A	6個	乳白色（DB-221）480個	白（H5354）510個	マット黒6個
B	7個	ベージュ（DB-821）560個	オレンジ色（DB-1804）595個	オレンジ色7個
C	8個	マット赤（DB-378）640個	赤（DB-1805）680個	ベージュ8個
D	8個	黒（DB-10）640個	濃い緑（DB-3）680個	黒8個

刺しゅうとアップリケの図案　※150%に拡大して使用する

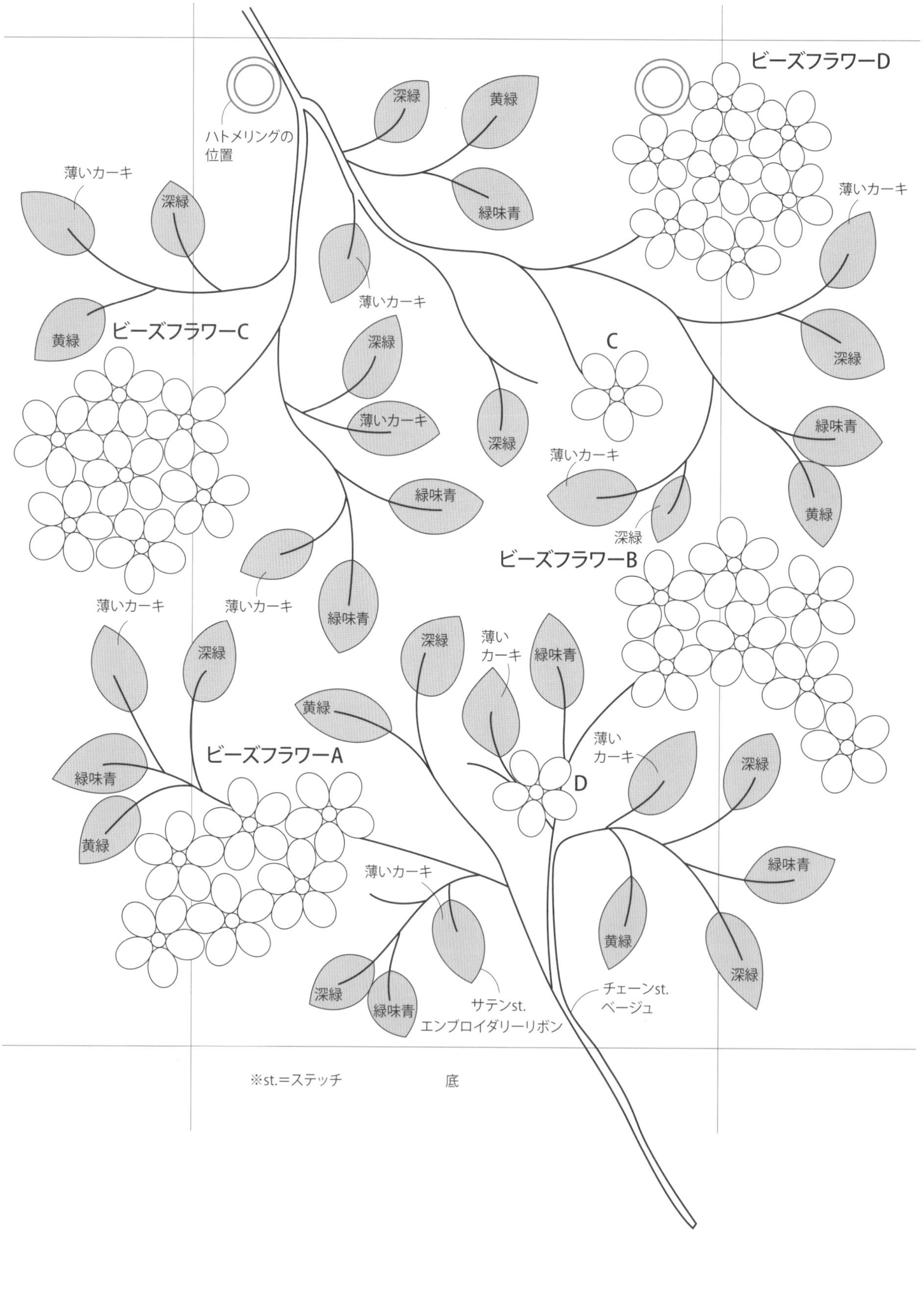

※st.＝ステッチ

刺しゅうの図案

※150%に拡大して使用する

※st.＝ステッチ

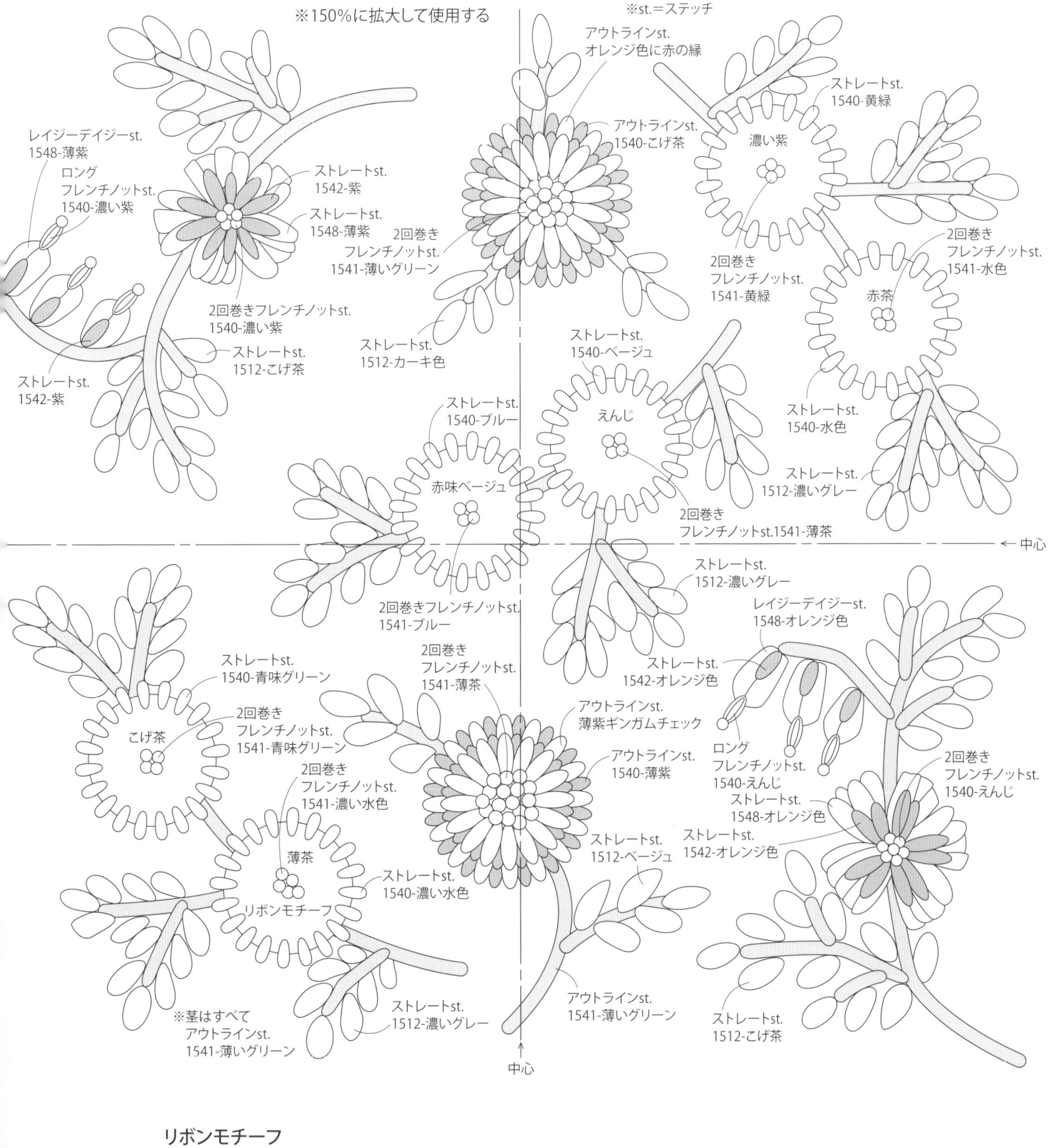

リボンモチーフ

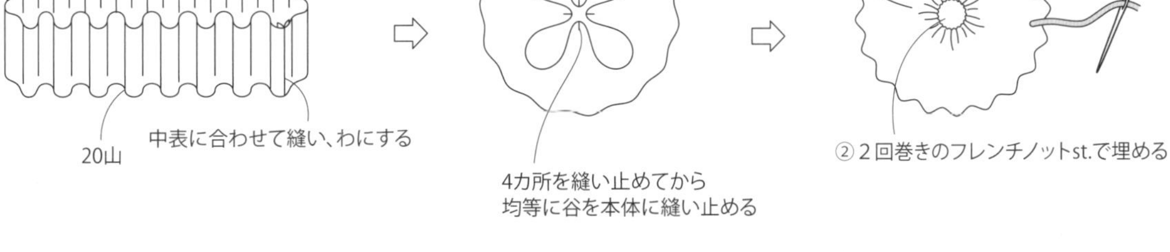

05

14ページの作品

リボン刺しゅうの双子バッグ

◎用意するもの

表袋用布…麻地　グレー、ブルー各 68 × 33 cm
中袋用布…コットン地　こげ茶系プリント 83 × 64 cm
接着芯…シャープ芯 68 × 66 cm　バイリーン芯 83 × 64 cm　F芯 60 × 29 cm　MOKUBA　エンブロイダリーリボン…1540、1541（3.5 mm幅）共通　青味グリーン、濃い水色、ブルー、水色、黄緑、1540　ベージュ、薄紫、こげ茶、えんじ、濃い紫、1541　薄茶、薄いグリーン、1512（8 mm幅）濃いグレー、こげ茶、ベージュ、カーキ色、1542（3.5 mm幅）オレンジ色、紫、1548（5 mm幅）オレンジ色、薄紫各適宜　3.5 mm幅のリボン…薄紫ギンガムチェック、オレンジ色に赤の縁各適宜　MOKUBA プリーツサテンリボン（15 mm幅）…こげ茶、薄茶、赤味ベージュ、えんじ、赤茶、濃い紫各適宜　革製持ち手…ソウヒロ（JTM - K 15）1 cm幅　長さ 60 cm　黒（850）1組

◎でき上がりサイズ

幅 31 cm　深さ 30 cm（持ち手含まず）

◎作り方ポイント

表袋前面に刺しゅうをしておきます。表袋の内側どうしを中表に合わせて指定位置を縫い合わせます。手前の布を折りたたんで向こう側の内側 a と外側背面を中表に合わせて縫います。表に返して、表に返した部分を折りたたんで向こう側の内側 b と外側前面を縫い合わせます。表に返します。中袋を2組仕立てておき、表に返して袋口を一方の表袋と中表に合わせて手前側のみ縫います。中袋を再び裏返して表袋に入れ、縫い残した袋口をまつります。もう一方も同様に縫い合わせます。持ち手をつけます。

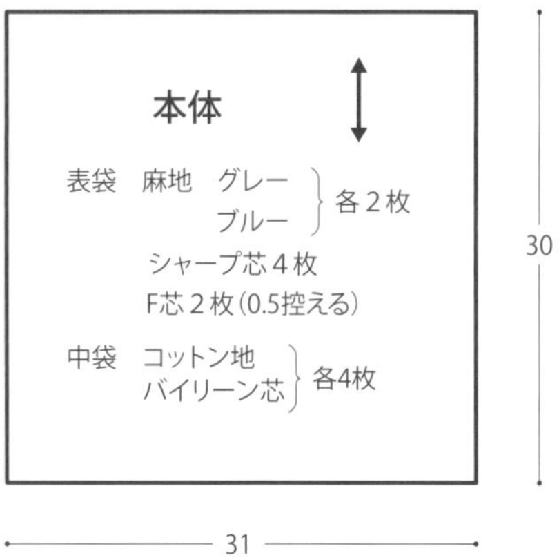

※縫い代1(刺しゅう面のみ1.5)
※指定のない数字の単位はcm

中袋ポケット

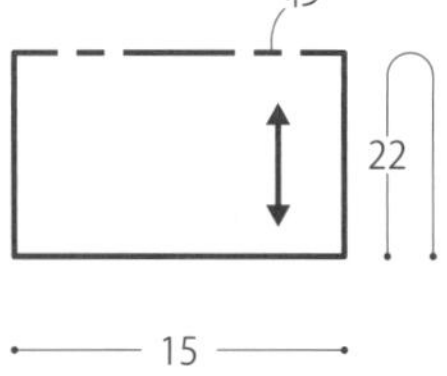

※縫い代1
※中袋ポケットの作り方は
52ページ参照

1 表袋を作る

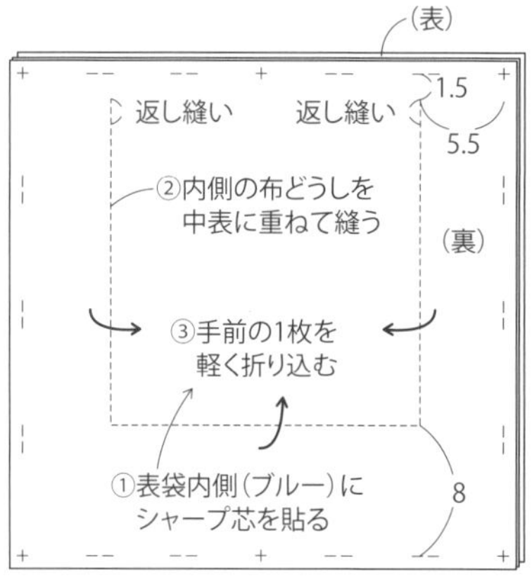

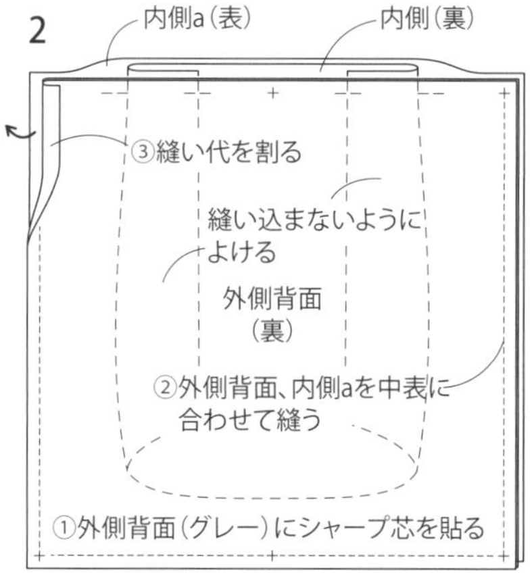

④表に返す
(刺しゅうのない方のでき上がり)

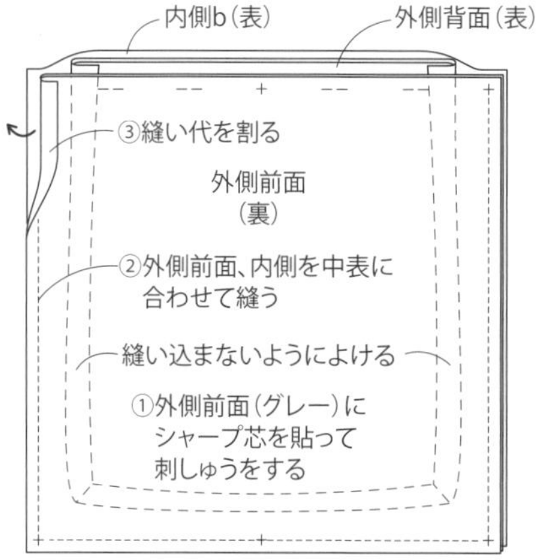

④表に返して前面と背面にF芯を貼る

※刺しゅうの図案は61ページに掲載

2 中袋を作る

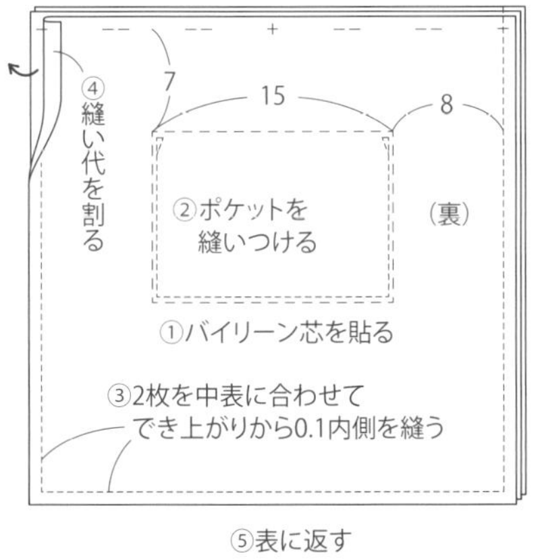

※指定のない数字の単位はcm

3 表袋と中袋を縫い合わせる

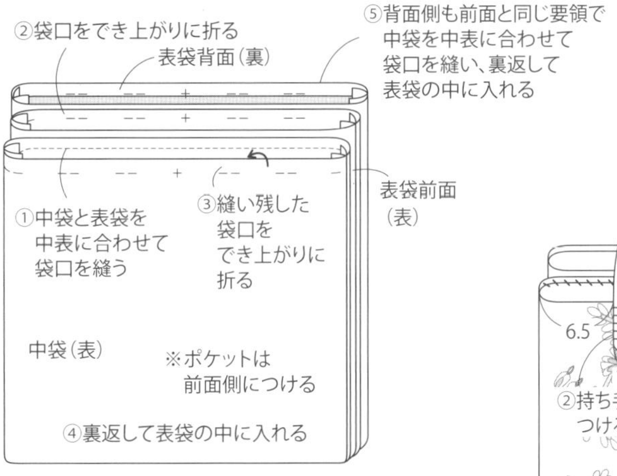

まとめ

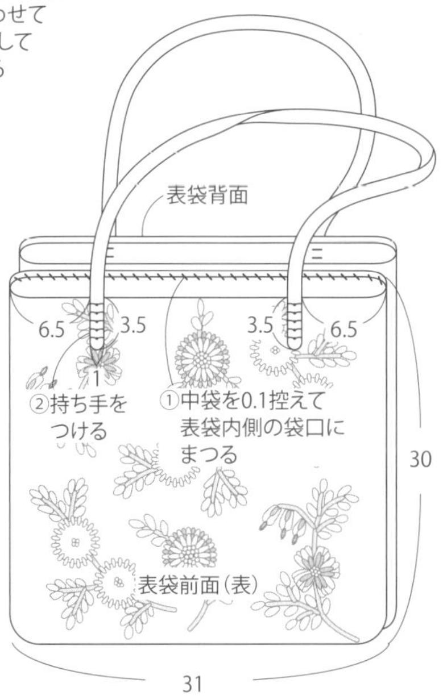

持ち手のつけ方

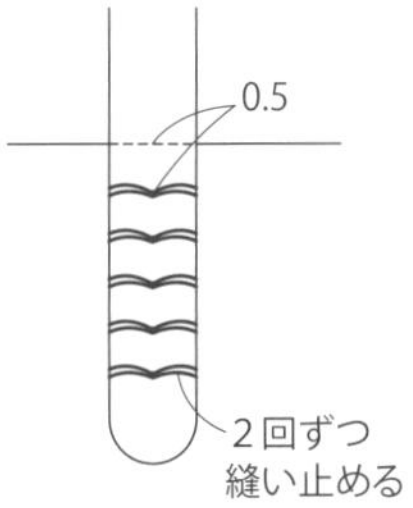

07の続き

4 縁編みを編み、口金をつける

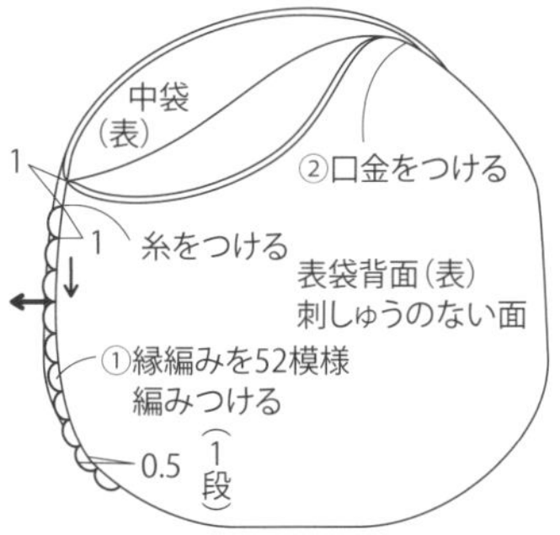

縁編み 2号針　黒

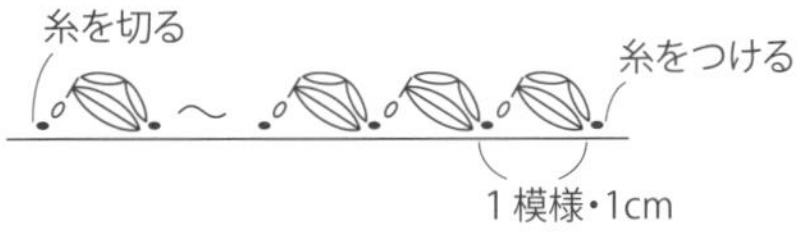

口金のつけ方

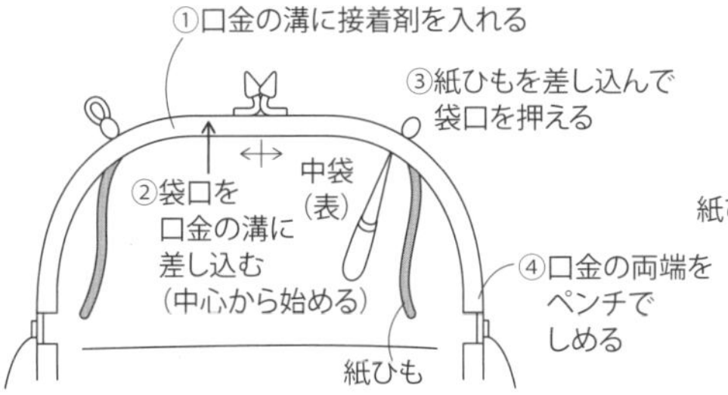

横から見たところ

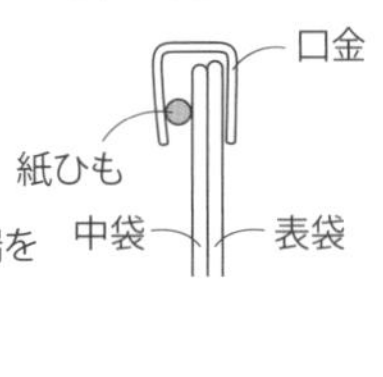

持ち手のつけ方

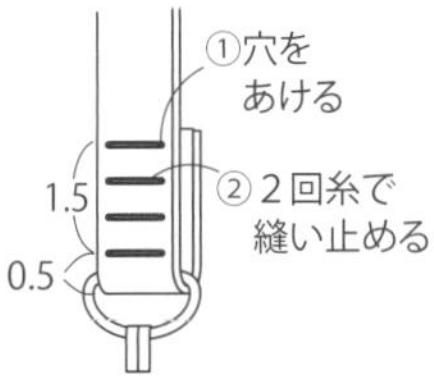

まとめ

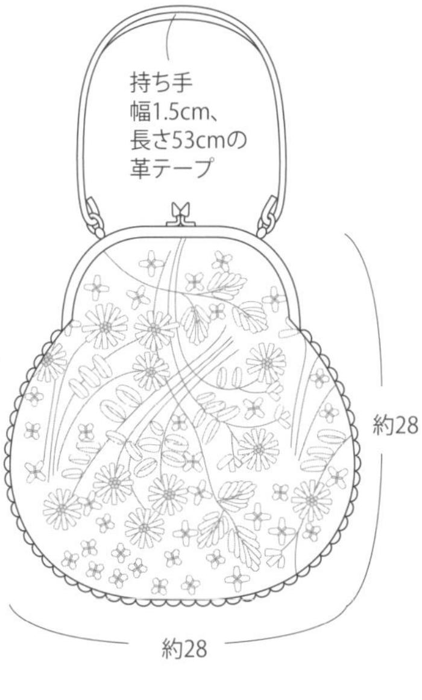

07

18 ページの作品

ウールリボン刺しゅうのラウンドバッグ

◎用意するもの

表袋用布…ウール地　灰味グリーン 60 × 30 cm
中袋用布…コットン地　グリーン系プリント 75 × 30 cm　接着芯…中厚芯 72 × 60 cm　5mm幅のフックドラグ用ウールテープ…水色、カーキ色、黒、赤、濃い赤紫、紫、明るい赤、ブルー、オレンジ色、薄いカーキ、薄いグリーン、グリーン、草色、深緑、薄い水色、濃い水色、黄緑、濃い黄緑、モスグリーン、赤味ベージュ、ベージュ各適宜　糸…強撚合細タイプのウールヤーン　黒、タコ糸5号各適宜　18 ×9 cmの口金…MOTIF　銀1個　1.5 cm幅の革テープ…黒 53 cm　紙ひも…適宜
針…レース針2号

◎でき上がりサイズ

幅約 28 cm　深さ約 28 cm（持ち手含まず）

◎作り方ポイント

表袋前面に刺しゅうをしておきます。表袋、中袋（底に返し口を縫い残しておく）を仕立てて、袋口どうしを中表に突き合わせます。縫い合わせてから丸みの部分の縫い代に切り込みを入れます。中袋の返し口から表に返して、表袋に中袋を入れて整えます。表袋の背面を見て、縫い目に縁編みを編みつけます。口金を本体につけ、口金に持ち手を縫いつけます。

本　体

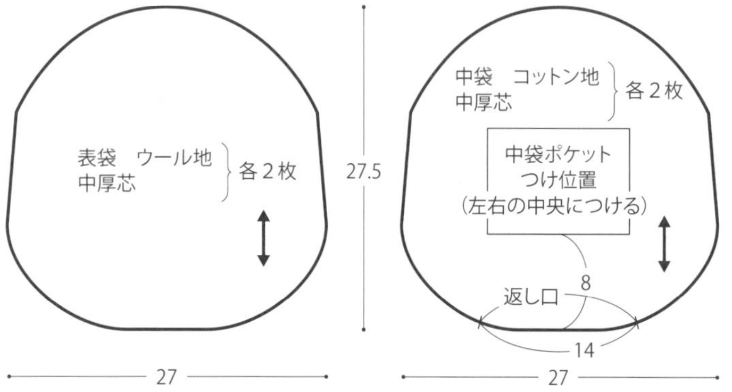

※縫い代1
※指定のない数字の単位はcm

※縫い代 1

中袋ポケット

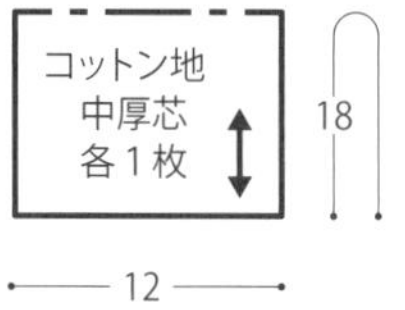

※縫い代 1
※中袋ポケットの作り方は
52ページ参照

2 中袋を作る

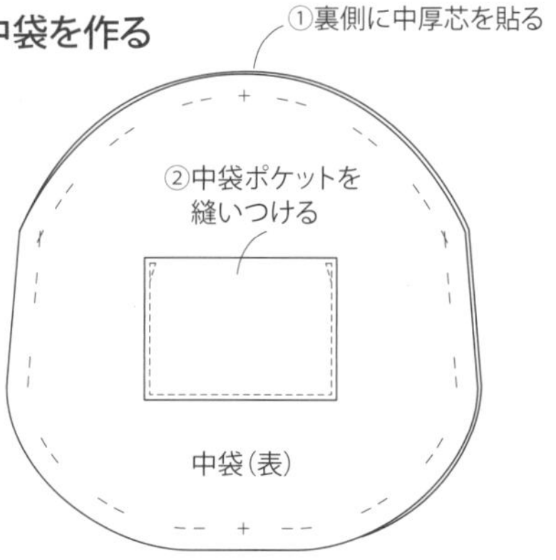

③2枚を中表に合わせて
でき上がりから0.1内側を縫う
（底の返し口を縫い残す）

1　表袋を作る

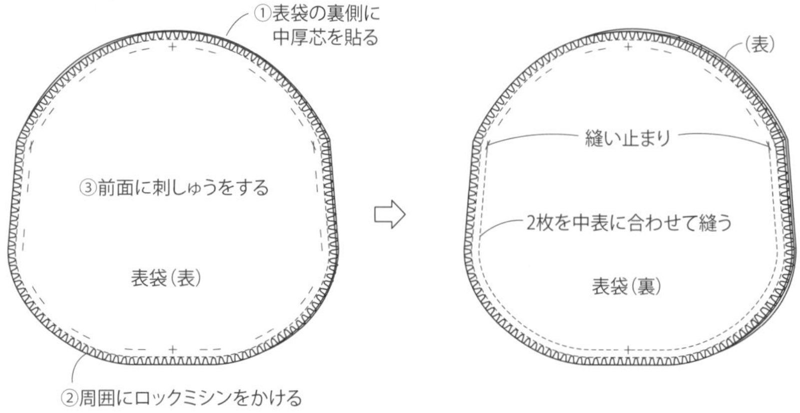

3 表袋と中袋の袋口を縫う

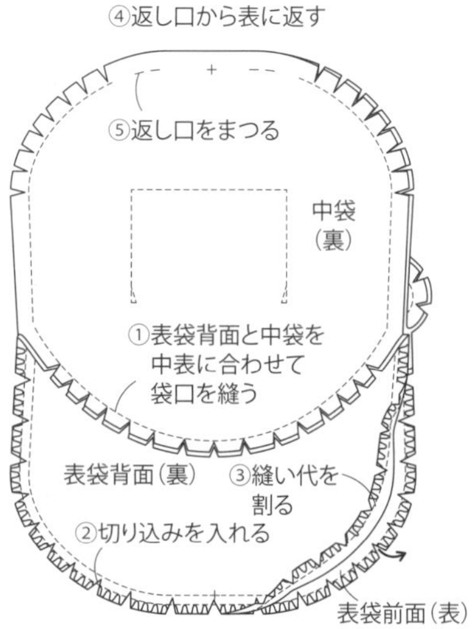

※①は反対側も同様にして縫う

※63ページへ続く

本体の型紙と刺しゅうの図案

※150%に拡大して使用する

※st.＝ステッチ

※花、つぼみはストレートst.、花芯は２回巻きフレンチノットst.（タコ糸）
葉はサテンst.　茎はアウトラインst.（ウールヤーン・黒）　小花はストレートst.　黒＋タコ糸

65

06

16 ページの作品

スモッキング 2つの顔

◎用意するもの

表袋用布…ウール地　ピンク 135 × 58 cm　薄手デニム　黒 22 × 42 cm　中袋用布…コットン地　黒と生なりプリント 102 × 42 cm　接着芯…中厚芯 86 × 10 cm　バイリーン芯 84 × 37 cm　ポリ芯…29 ×7 cm　穴糸…オレンジピンク適宜　1.8 cm幅のプラスチックチェーン…黒 90 cm

◎でき上がりサイズ

幅 30 cm　深さ 25 cm　まち幅8cm（持ち手含まず）

◎作り方ポイント

表袋布に穴糸でスモッキング刺しゅうをしておきます。スモッキングの端は時計回りにひだを倒してしつけをかけます。スモッキングは表面と裏面の両方を使います。表袋、中袋をそれぞれ仕立てておきます。中袋の袋口にチェーンを通したループをしつけで仮り止めします。中袋を表袋に入れて袋口をまつり、ループ位置をミシンステッチで押さえます。

※指定のない数字の単位はcm

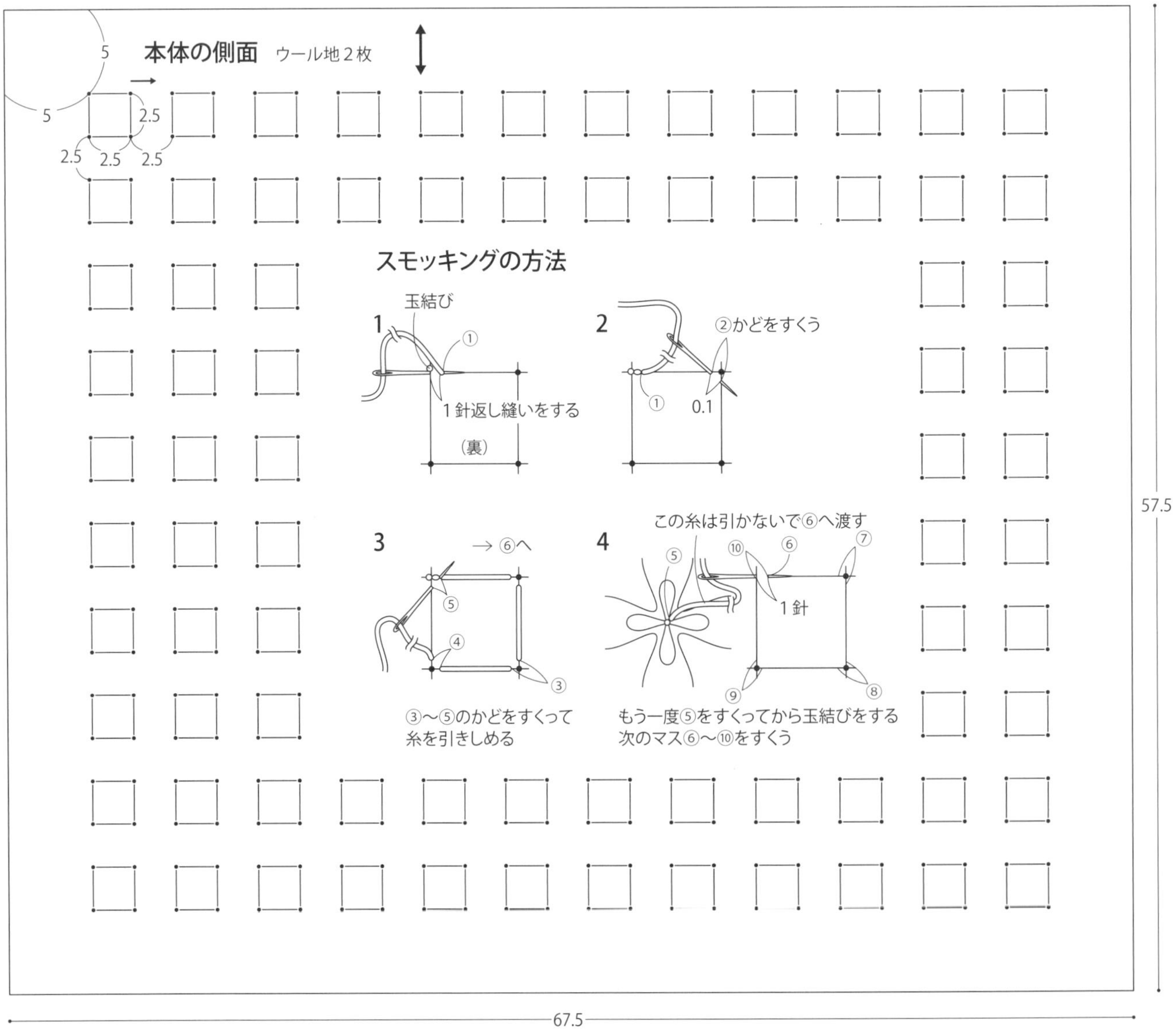

本体

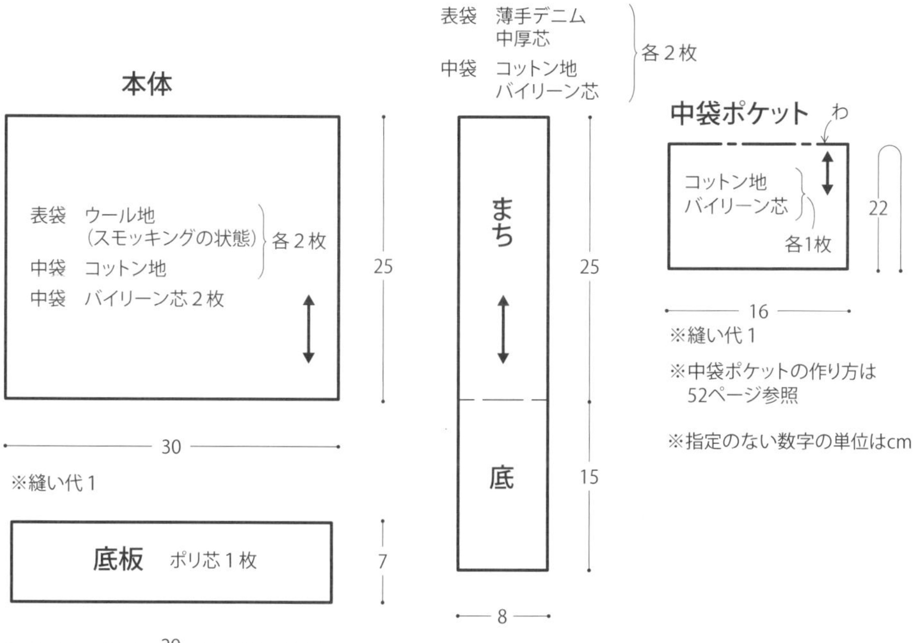

※縫い代１

※中袋ポケットの作り方は52ページ参照

※指定のない数字の単位はcm

2 中袋を作る

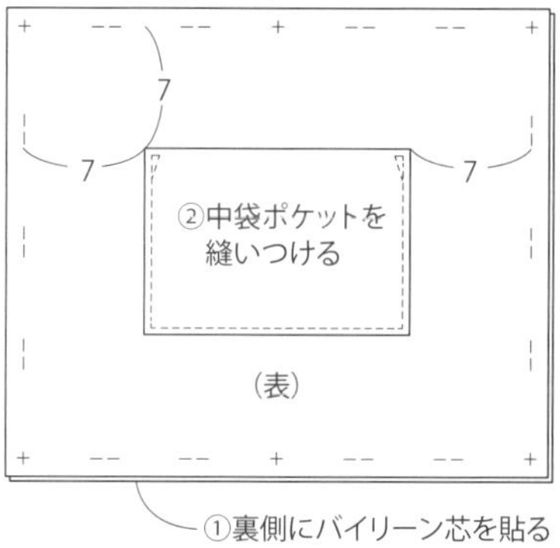

①裏側にバイリーン芯を貼る

③まちの裏側にバイリーン芯を貼る
底の2枚の中央を中表に合わせて縫い、
縫い代を割る

④表袋と同じ要領で側面とまちを中表に
合わせて、でき上がりから0.1cm内側を縫う

⑤袋口をでき上がりに折る

1 表袋を作る

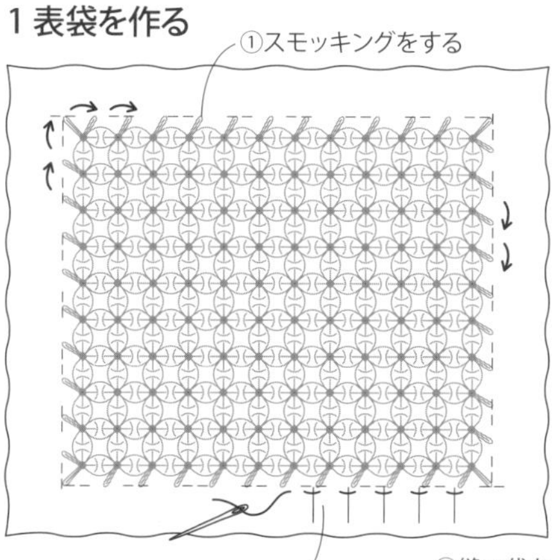

２枚作り、一方は反対の面を使用する

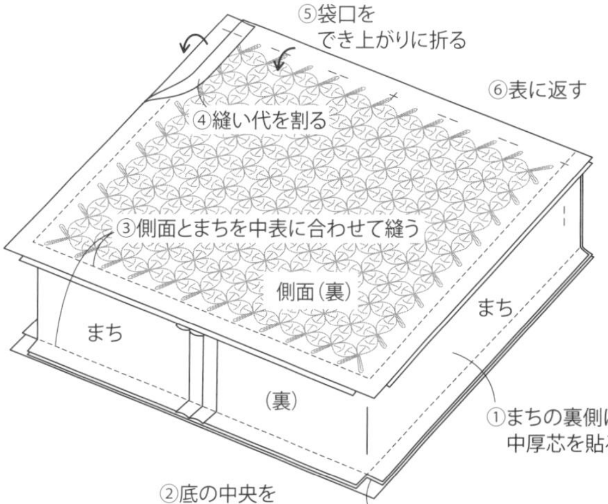

まとめ

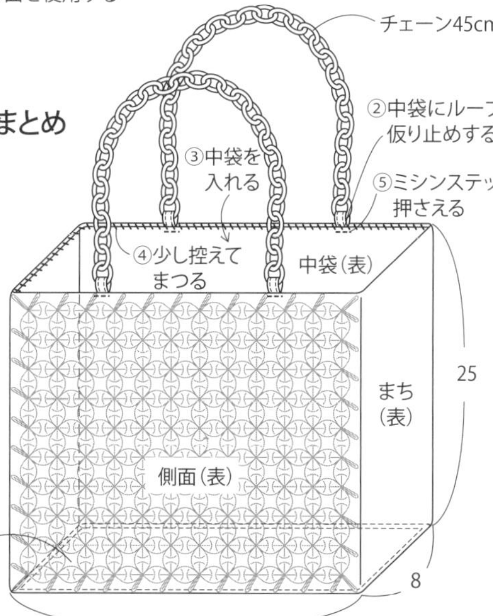

ループ

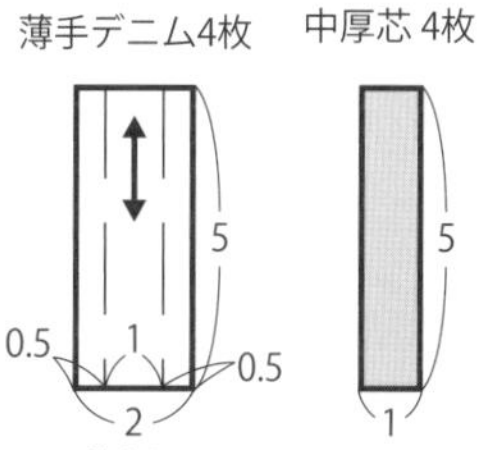

※裁ち切り

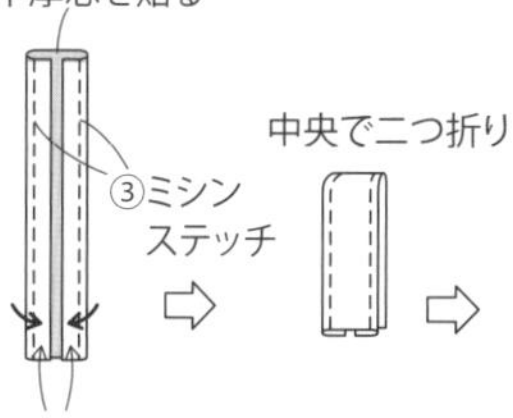

ループをつける

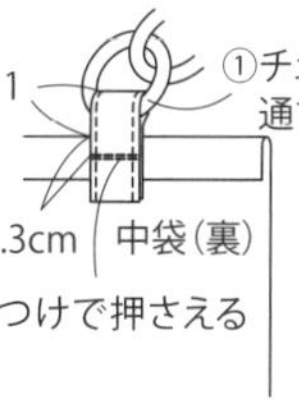

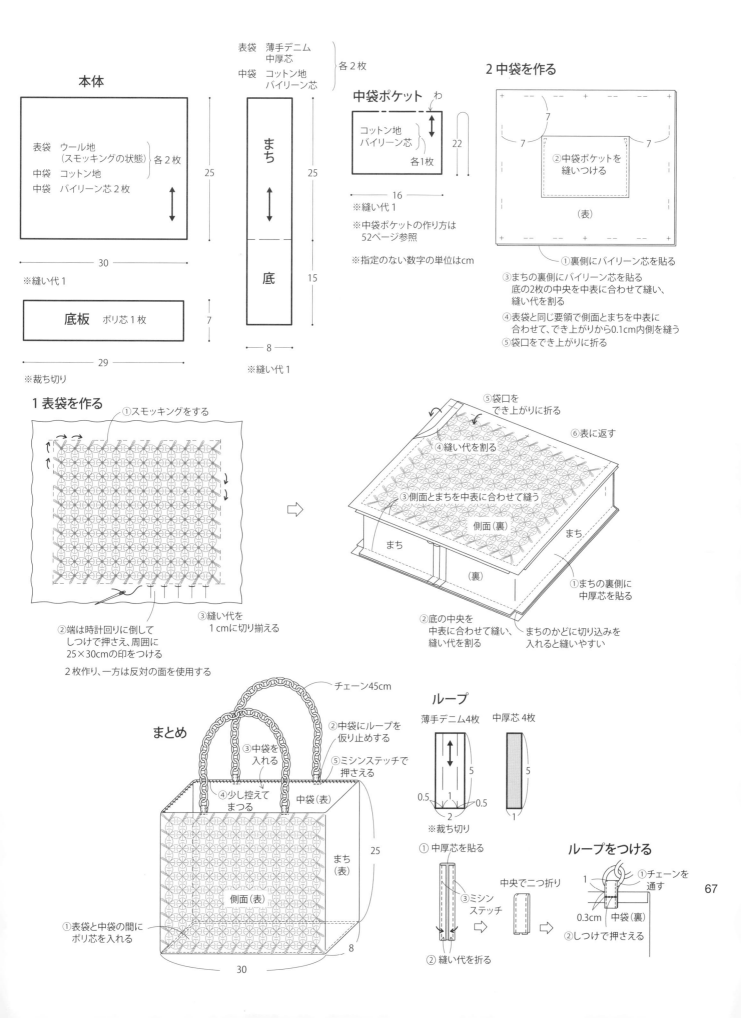

08

22ページの作品

ビーズボールチャーム

◎用意するもの

糸…DMCコットンパール8番糸　灰味ベージュ（422）、ベージュ（ECRU）各適宜　ビーズ…MIYUKI　デリカビーズ丸中（10/0）　薄いクリーム色（DBM-732）、オフホワイト（DBM-203）各84個、黒（DBM-10）168個、半透明オフホワイト（DBM-670）284個、赤味ベージュ（DBM-205）285個　大玉ビーズ…直径1.6 cmの赤マーブル、グレー、直径2.4 cmのアプリコット色、1.9×2.7 cmのピンクマーブル、1.7×2.1 cmのクリーム色、直径2.2 cmの黒各1個　直径1.3 cmのオフホワイト2個　直径4.5 cmの花型パーツ…黒・ベージュのマーブル、黒各1個　直径3mmのシリコン製チューブ…グレー87 cm　5×6.5 cmのナスかん…黒1個　化繊わた適宜　針…レース針4号

◎でき上がりサイズ

最長の長さ約13 cm（ナスかん含まず）

◎作り方ポイント

モチーフのビーズは糸に必要数を通しておきます。中心からわの作り目をして編み始め、1段めからビーズを編み入れます。細編みは前段の向こう側半目をすくうすじ編みで、立ち上がりの鎖は編まないでぐるぐる編み進みます。大玉ビーズをチューブに通しておきます。モチーフAは2枚編み、一方の面の編み終わりの糸を20 cm残します。周囲をとじ合わせ、モチーフB、C、Dは編み終わりをしぼってチューブにつけます。チューブ3本を二つ折りにして、ナスかんにくぐらせてつけます。

モチーフA　レース針4号

ア　a面　糸　灰味ベージュ　直径2.8　1枚
　　　ビーズ　オフホワイト　84個
　　b面　糸　ベージュ　直径2.8　1枚
　　　ビーズ　薄いクリーム色　84個

イ　糸　灰味ベージュ　直径2.4　2枚
　　ビーズ　黒168個

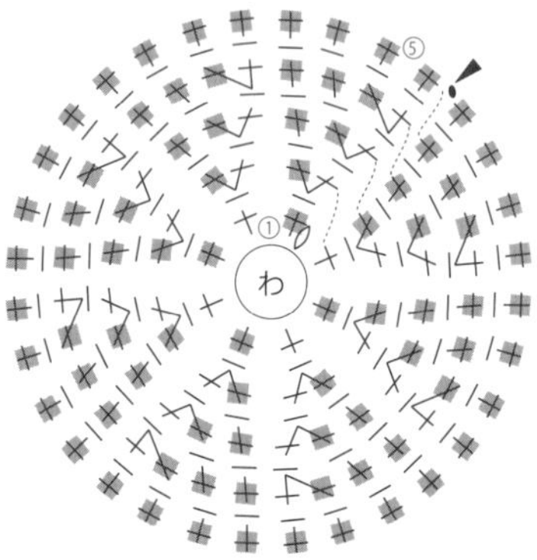

■＝ビーズ　►＝糸を切る

※すべて裏目側を表に使用

※指定のない数字の単位はcm

※ナスかんへのつけ方は70ページ参照

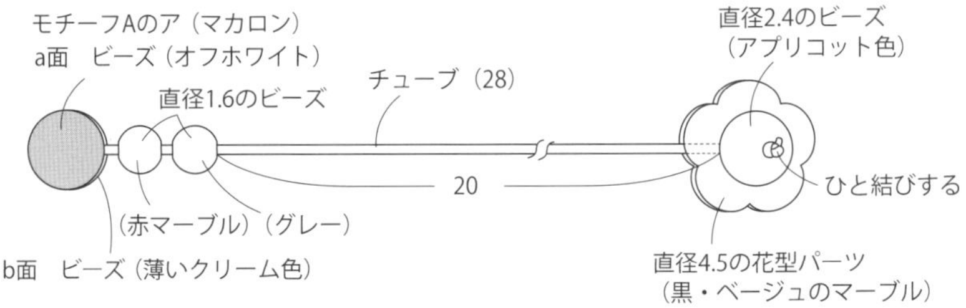

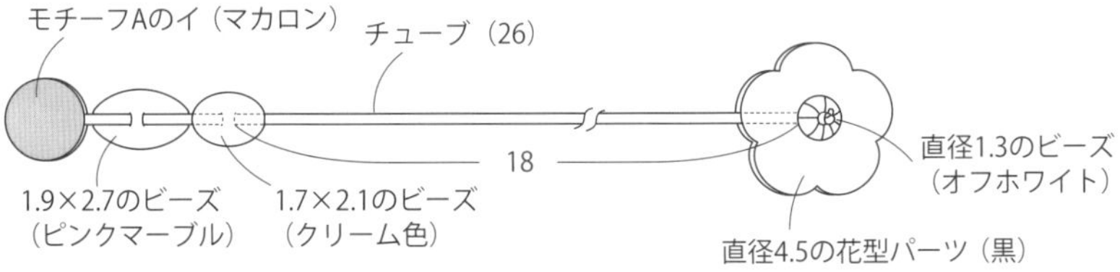

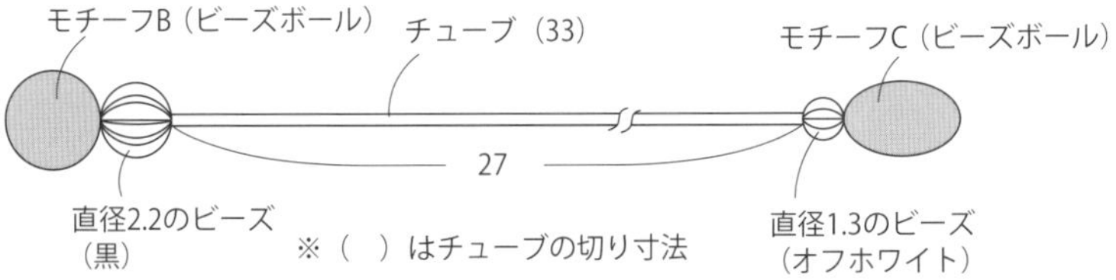

※（　）はチューブの切り寸法

マカロンの仕上げ方

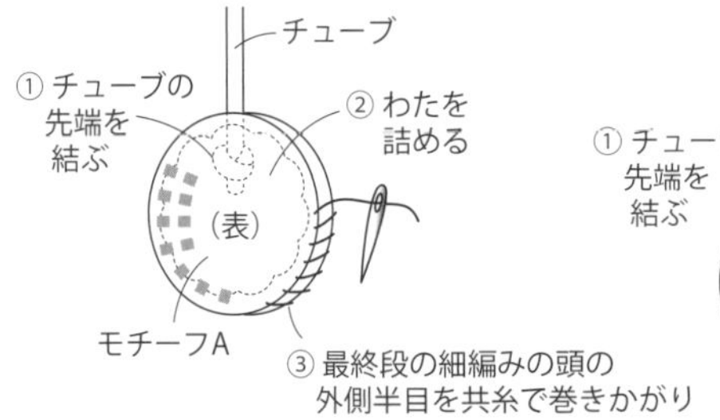

ビーズボールの仕上げ方

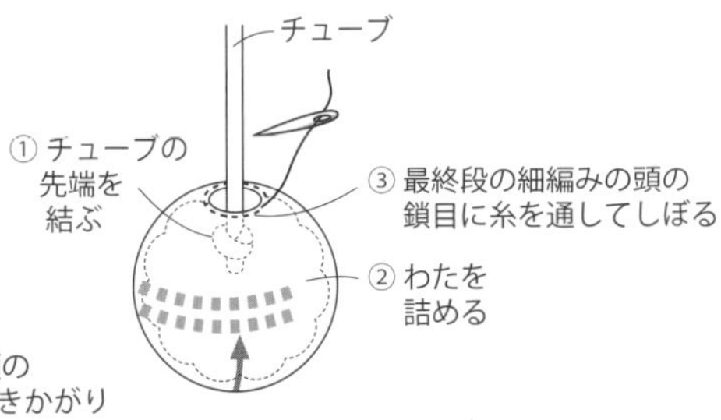

09

23 ページの作品

ビーズボールチャーム

◎用意するもの

糸…ホビーラホビーレ　クロッシュコットン　グレー（28）、黄緑（31）、DMCコットンパール8番糸　灰味ベージュ（422）各適宜　ビーズ…MIYUKI　デリカビーズ丸中（10/0）　つや消し黒（DBM -310）、つや消し銀（DBM -321）各 168 個　ベージュ（DBM -157）、白（DBM -200）各 124 個、黄（DBM -721）357 個、赤味ベージュ（DBM -205）130 個、黄にこげ茶の縞 436 個　大玉ビーズ…直径 1.6 cm のグレー、2.1 × 3.4 cmのベージュ、直径 2.1 の薄いベージュ各1個　直径3mmのシリコン製チューブ…カーキ色 88 cm　5×6.5 cmのナスかん…カーキ色1個　化繊わた適宜

針…レース針4号

◎でき上がりサイズ

最長の長さ約 13 cm（ナスかん含まず）

◎作り方ポイント

08 と同じ要領で仕上げます。

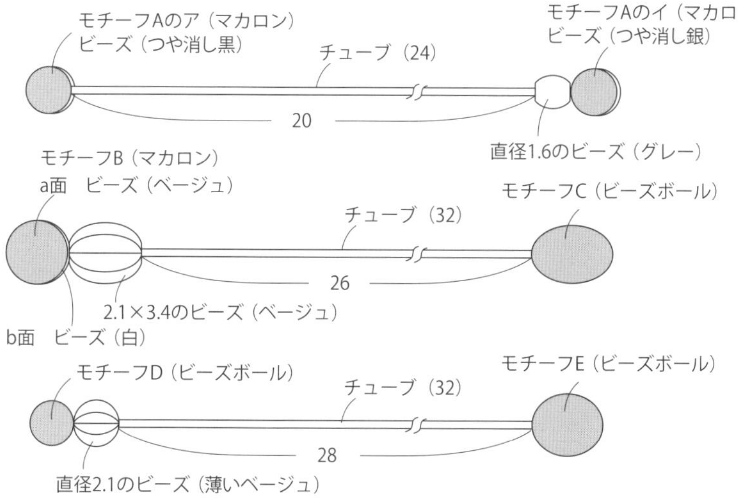

※（　）はチューブの切り寸法

※指定のない数字の単位はcm

モチーフA　レース針4号　直径2　各2枚

糸　グレー

ビーズ　ア つや消し 黒　イ つや消し銀　各168個

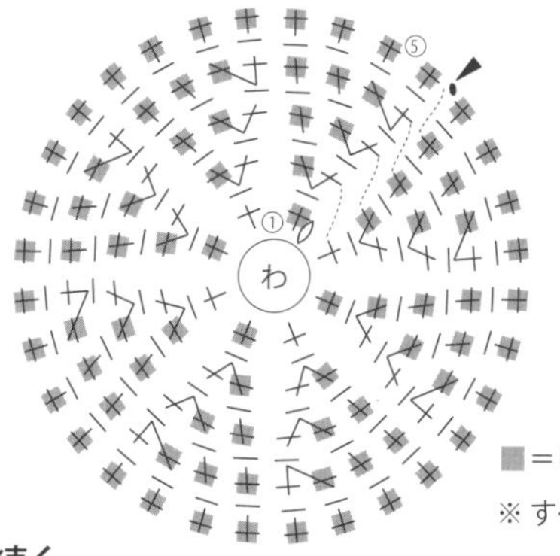

■＝ビーズ　►＝糸を切る

※ すべて裏目側を表に使用

※70ページへ続く

08

モチーフB　直径2.6

レース針4号

糸　灰味ベージュ

ビーズ　半透明オフホワイト　284個

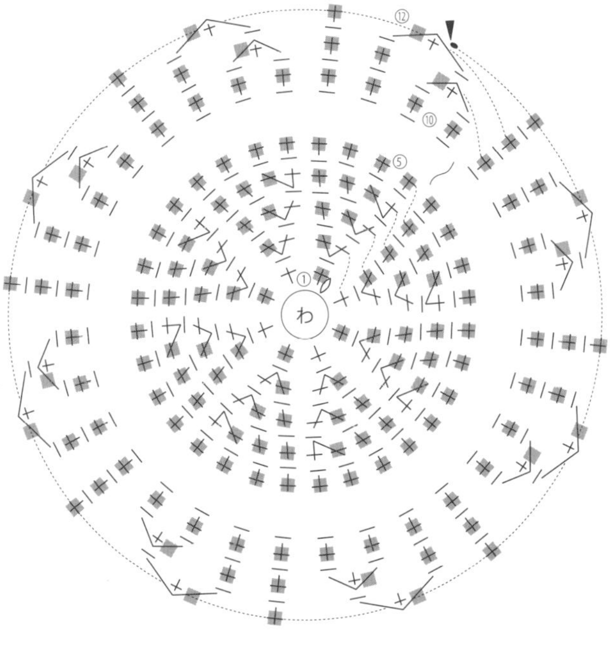

モチーフC

レース針4号

直径2.2×高さ3.2

糸　灰味ベージュ

ビーズ　赤味ベージュ　285個

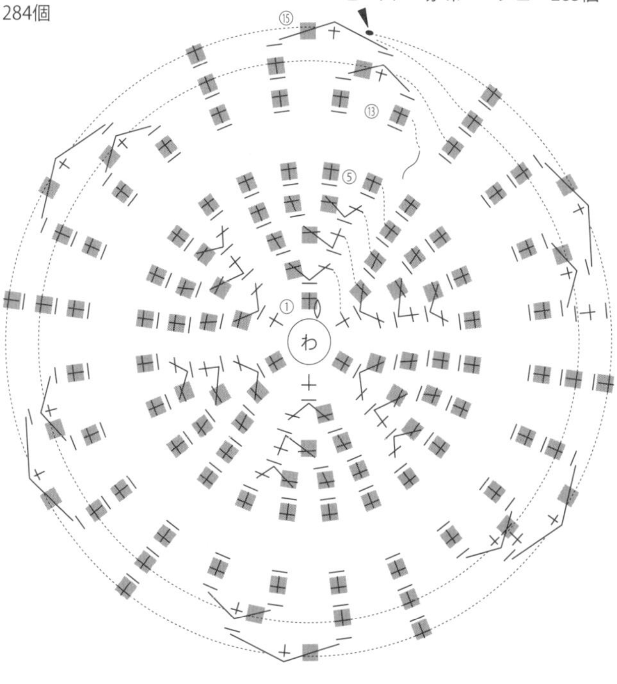

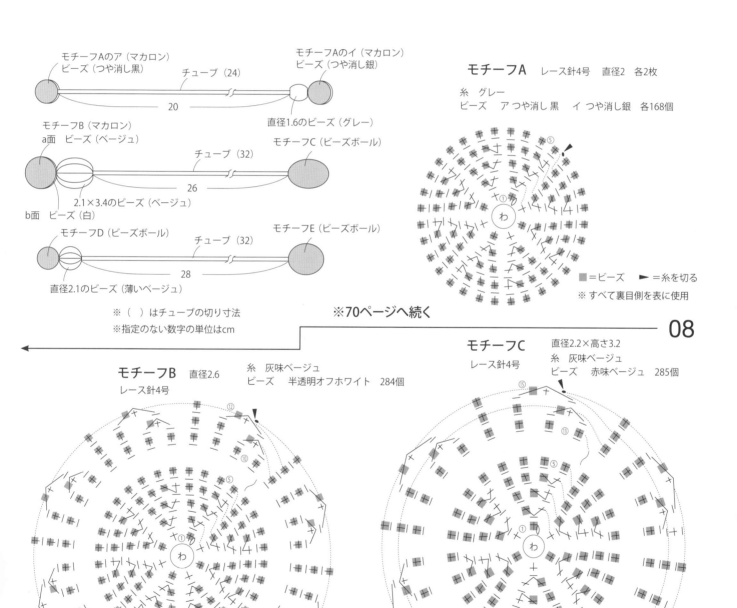

モチーフB

2枚 直径2.8

糸　グレー
ビーズ　a面 ベージュ　124個
b面 白　124個

※すべてレース針4号で編む
※指定のない数字の単位はcm

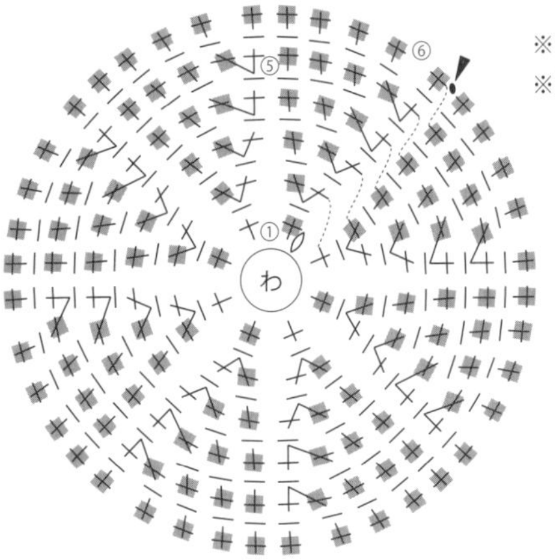

モチーフC

直径2.4×高さ3.6

糸　黄緑
ビーズ　黄　357個

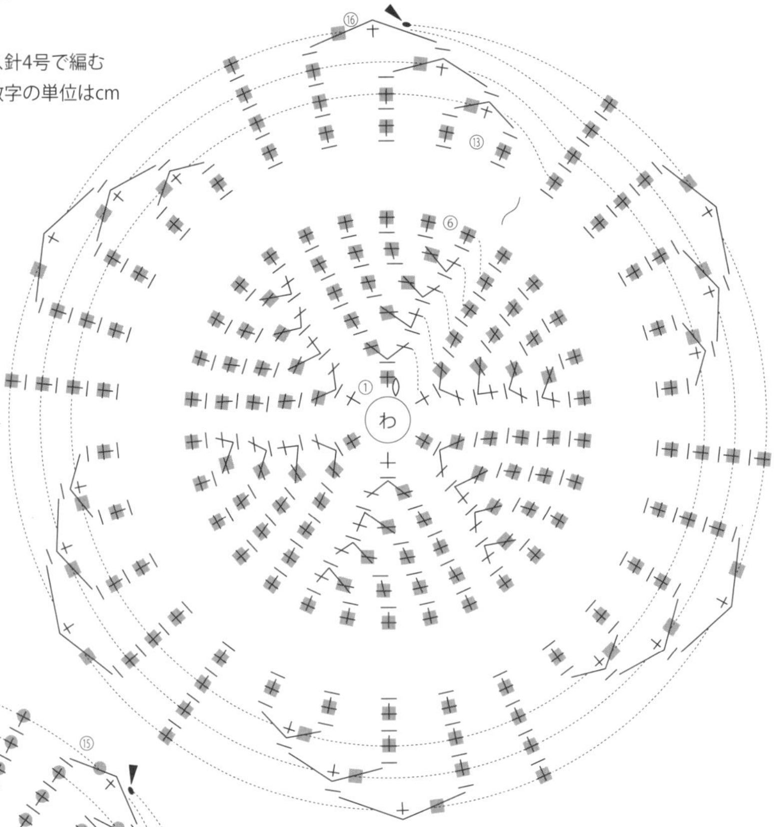

►＝糸を切る

モチーフE

直径2.8×高さ3.1

糸　灰味ベージュ
ビーズ　黄にこげ茶の縞　436個

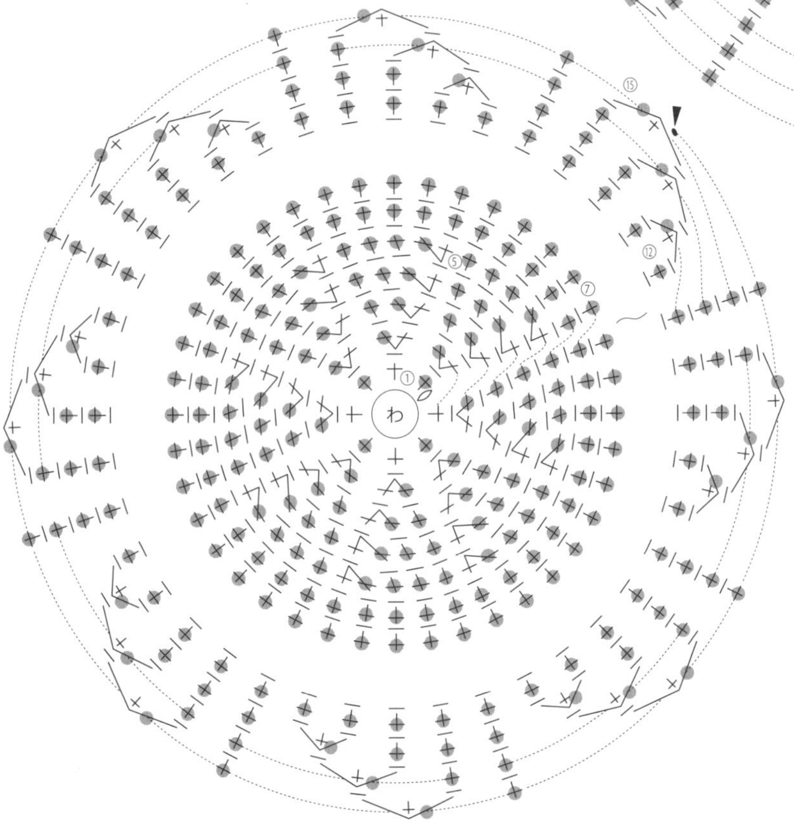

モチーフD

直径1.8

糸　灰味ベージュ
ビーズ　赤味ベージュ　130個

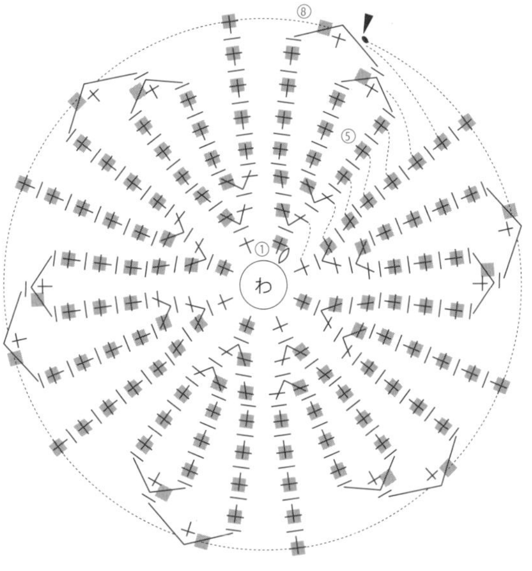

ナスかんへのつけ方

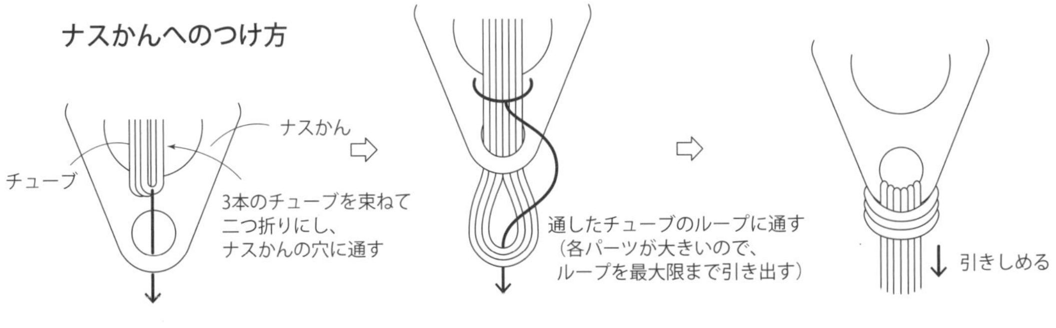

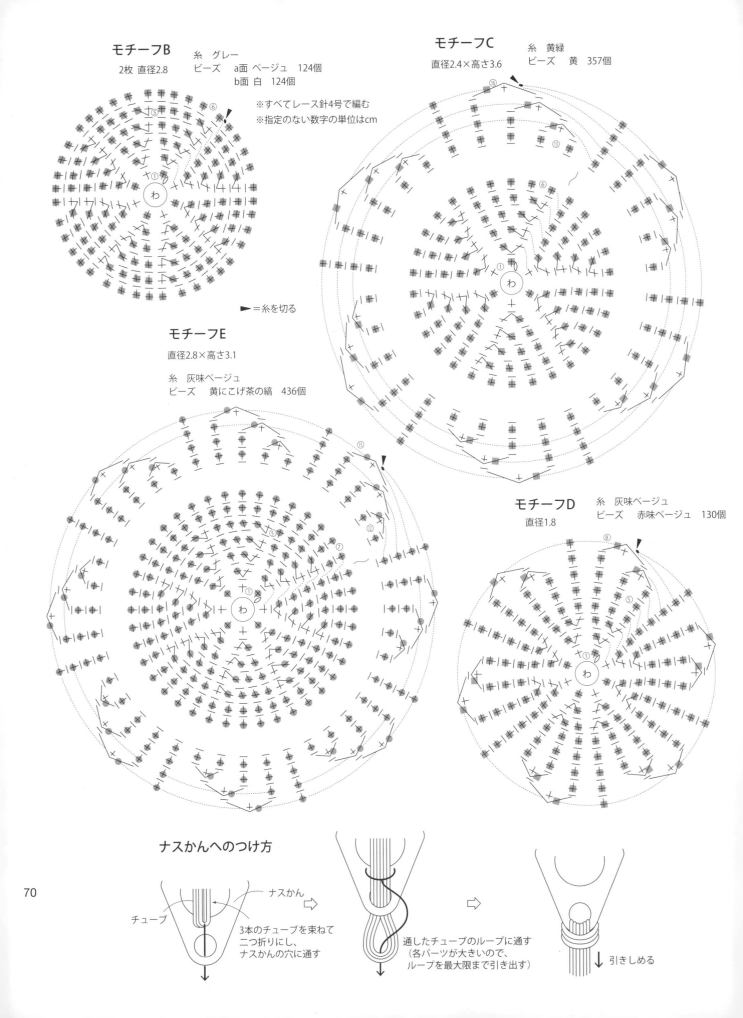

10

24ページの作品

ダブルハピネスのボールチャーム

◎用意するもの

表布…ウール地　えんじ 52 × 16 cm　接着芯…薄手芯 48 × 16 cm　中厚芯1×5cm　DMC 25 番刺しゅう糸…濃いベージュ（739）、薄グリーン（320）、薄茶（3782）、ベージュ（ECRU）各適宜　1cm幅の革テープ…えんじ6cm　5× 6.5 cmのナスかん…青味グリーン 1 個、1.5 ×1cmの楕円形のかん…銀1個　化繊わた、ゴムのり各適宜

◎でき上がりサイズ

本体の直径約9cm

◎作り方ポイント

表布の裏側に薄手接着芯を貼り、刺しゅうをしておきます。指定以外は1本で刺します。刺しゅうの菱形の模様は色が上下、左右とも交互になるように配置します。4枚をはぎ合わせたものを2組作り、各縫い代を 1 cmに切り揃えます。縫い代に切り込みを入れ、アイロンで割ります。作った2組を中表に合わせて、ループ位置、返し口を残して縫います。表に返して、化繊わたをしっかりと詰めます。ループ位置にループをつけ、返し口をとじます。

縫い代の始末

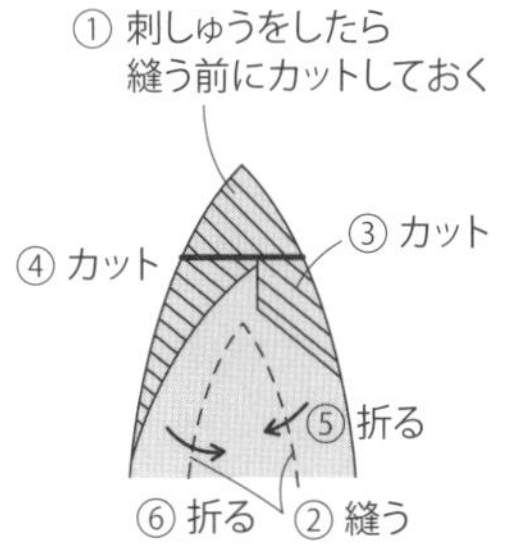

※指定のない数字の単位はcm

本体

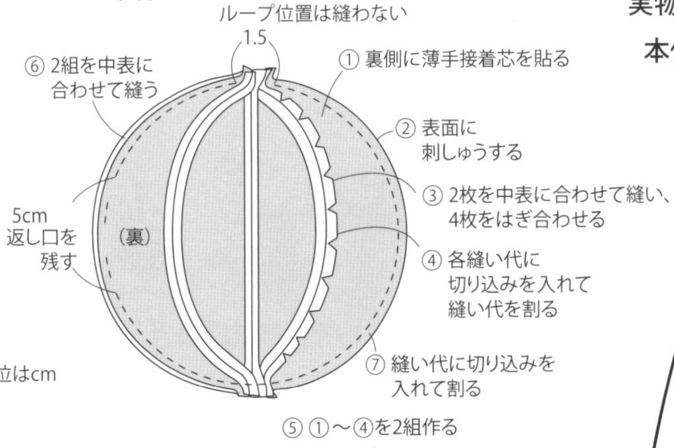

ループ

表布　ウール地
中厚芯
各1枚

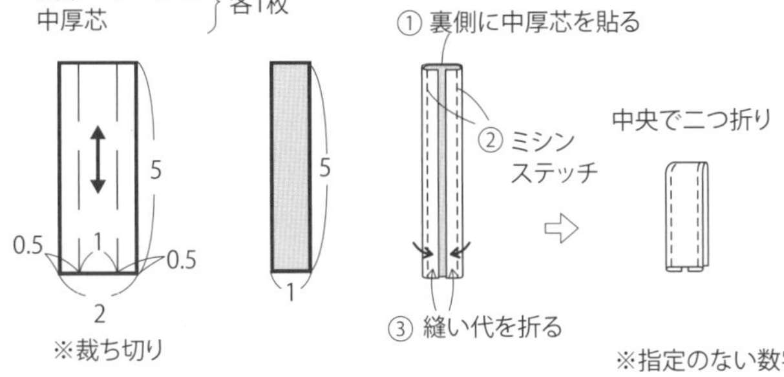

※指定のない数字の単位はcm

まとめ

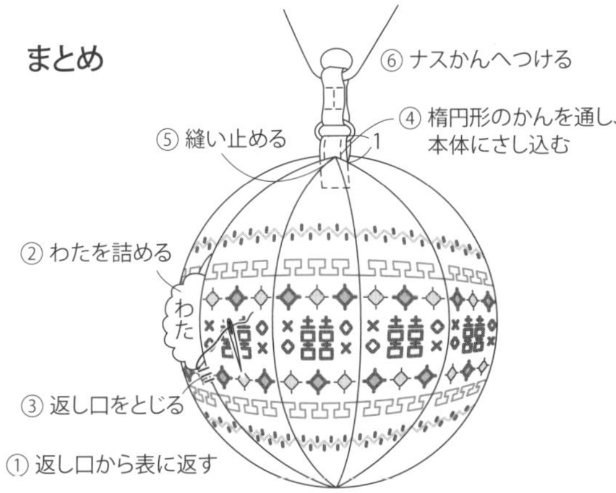

ナスかんへのつけ方

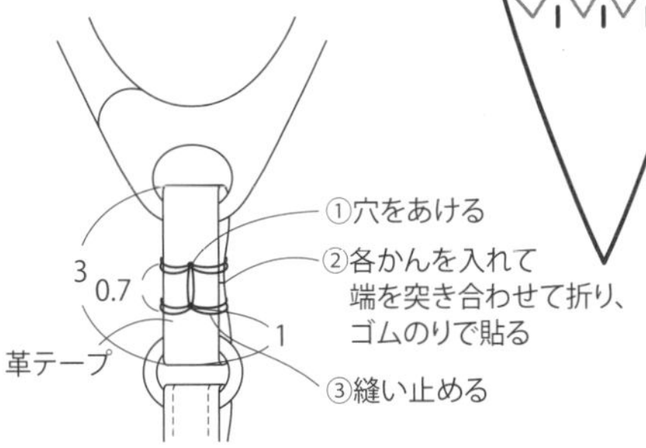

実物大型紙と刺しゅうの図案

本体　表布　ウール地 / 薄手接着芯　各8枚　※st.＝ステッチ

※縫い代1.5
（刺しゅうをしてから1cmに切り揃える）
※サテンst.以外は1本で刺す

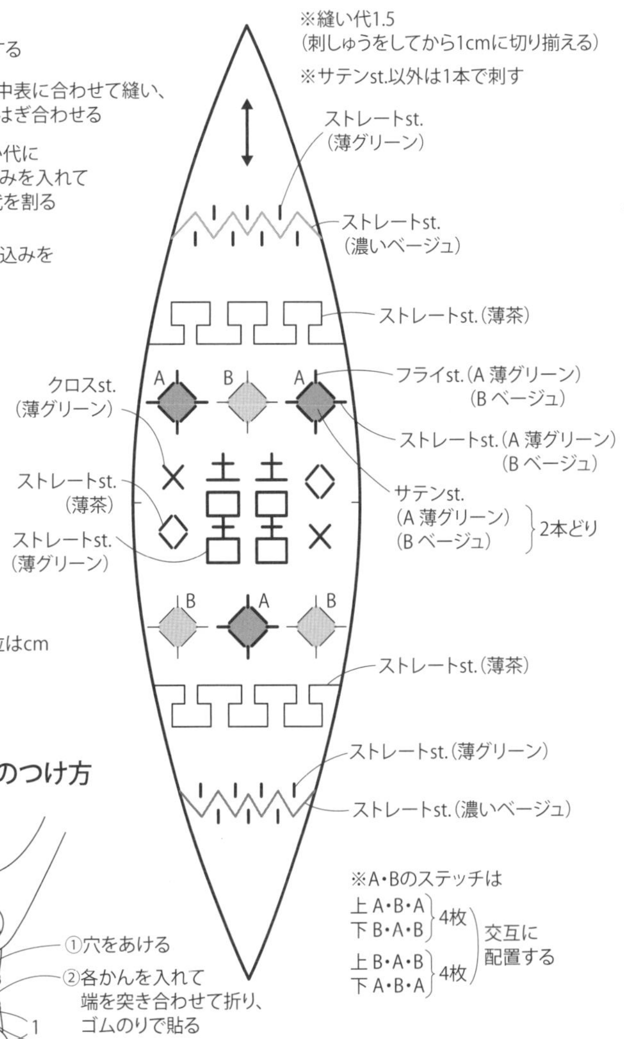

※A・Bのステッチは
上 A・B・A
下 B・A・B
4枚
上 B・A・B
下 A・B・A
4枚
交互に配置する

11

25ページの作品

はなちゃんのチャーム

◎用意するもの

表布…薄手デニム　チャコールグレー 45×20 cm　接着芯…薄手芯 45×20 cm　中厚シャープ芯 1×6cm　DMC 25 番刺しゅう糸…グレー（640）、黒（310）、白（BLANC）、ベージュ（ECRU）各適宜　糸…モンドフィル　GOMMINA（ゴミナ）…黒（NERO）適宜　1cm幅の革テープ…黒8cm　5×6.5 cmのナスかん…黒 1 個、1.5 ×1cmの楕円形のかん…銀 1 個　化繊わた、ゴムのり適宜

レース針…2号

◎でき上がりサイズ

本体の幅約 10 cm　高さ約 16 cm

◎作り方ポイント

表布の裏側に薄手接着芯を貼り、前面に2本どりで刺しゅうをしておきます。背面は切り替え位置を中表に縫い合わせ、縫い代に切り込みを入れてアイロンで割ります。前面と背面を中表に合わせて、尾つけ位置、ループつけ位置、返し口を残して縫います。縫い代に切り込みを入れてアイロンで割り、表に返します。化繊わたをしっかりと詰めます。ループを作り、尾を編みます。尾は編み始めの作り目の鎖目と編み終わりを巻きかがりで合わせてわにします。尾、ループを本体につけます。返し口をとじ、尾を本体にまつります。

ループ

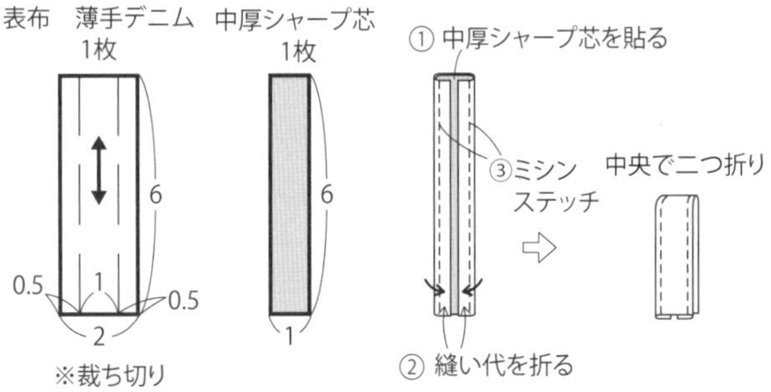

※指定のない数字の単位はcm

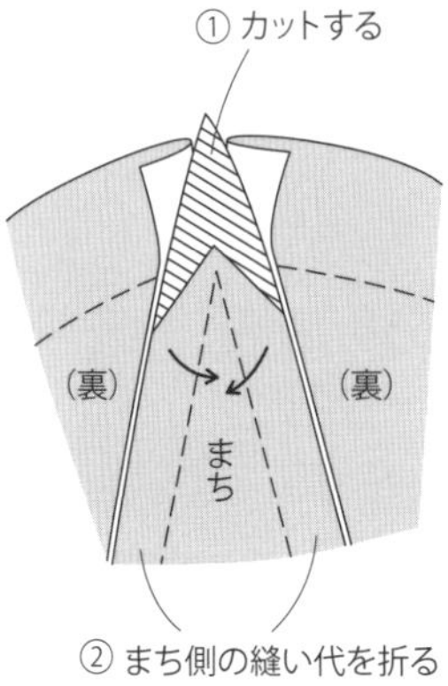

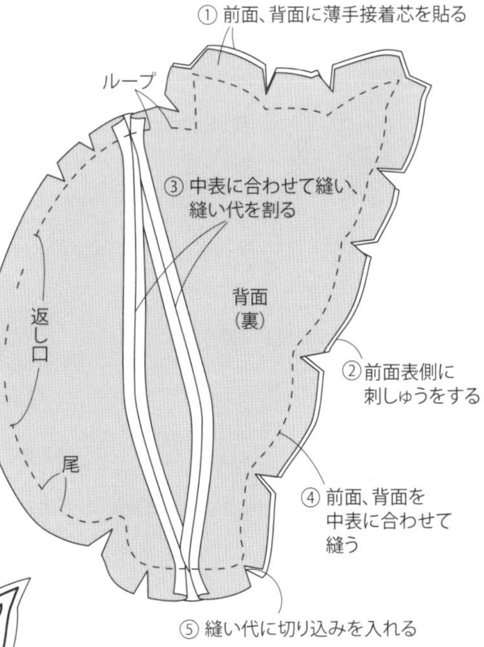

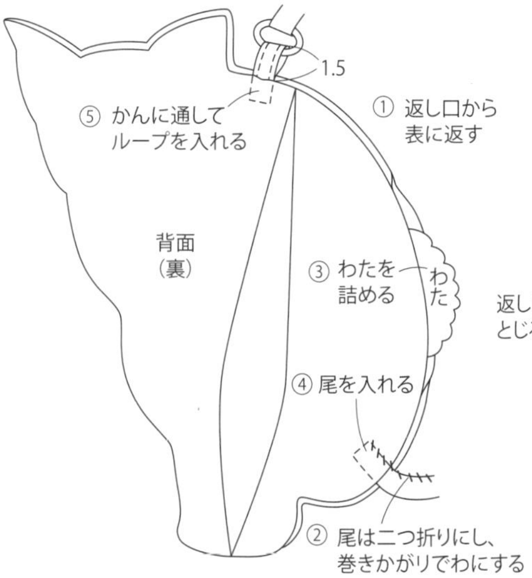

まとめ

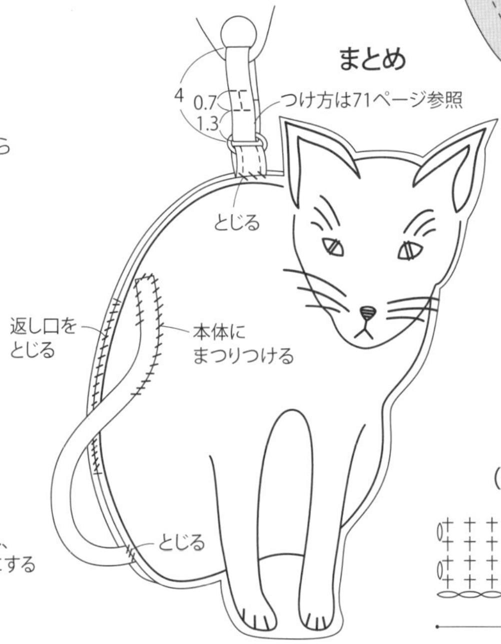

尾
（細編み）
レース針2号
黒（ゴミナ）

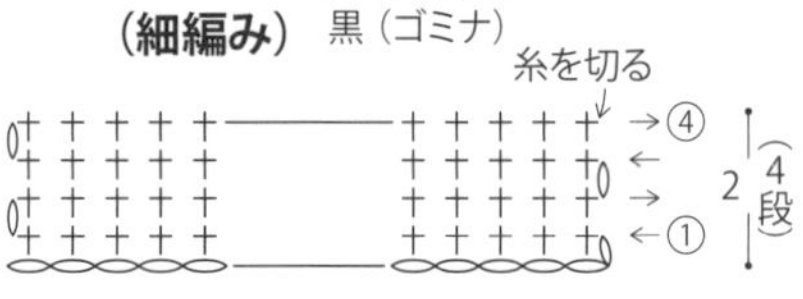

実物大型紙と刺しゅうの図案

※縫い代1
※刺しゅうはすべて2本どりで刺す
※st.＝ステッチ

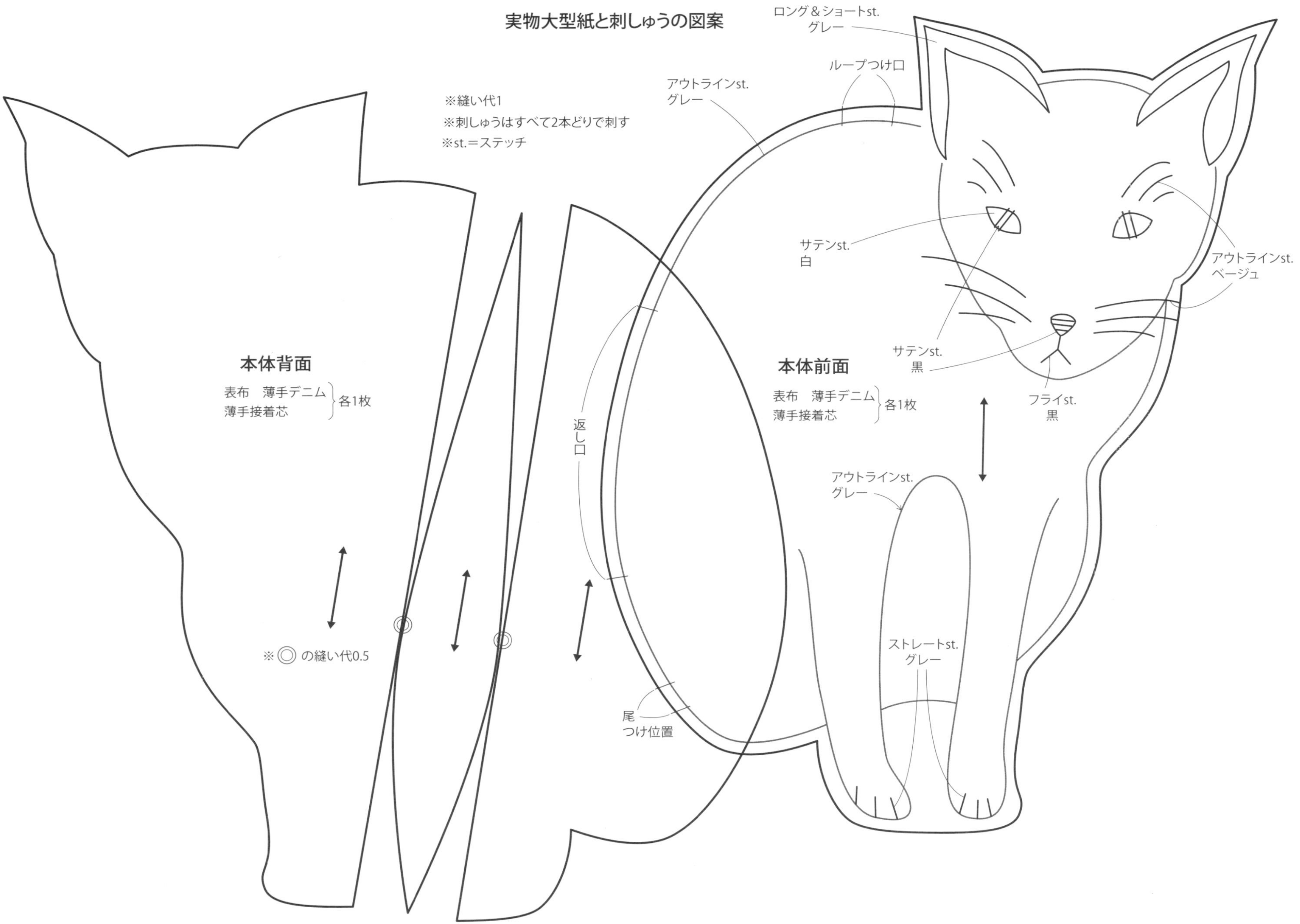

12

25ページの作品

鳩のチャーム

◎用意するもの

表布…薄手デニム　生なり30×16cm　接着芯…薄手芯28×16cm　シャープ芯1×5cm　刺しゅう用糸…A.F.E.麻刺繍糸　ネイビーブルー（L_305）、黄緑（L_208）、生なり（L_417）、青味グリーン（L_221）、ベージュ（L_909）各適宜　黒に生なりの撚り糸適宜　フェルト…水色4.5×4cm　こげ茶1×1cm　生なり1.5×1cm　1cm幅の革テープ…白9cm　2.2×3.5cmのナスかん…銀、1.5×1cmの楕円形のかん…銀　各1個　化繊わた、ゴムのり各適宜

◎でき上がりサイズ

本体の幅約11cm　高さ約8cm

◎作り方ポイント

表布の裏側に薄手接着芯を貼り、前面に刺しゅうとアップリケをしておきます。背面は切り替え位置を中表に縫い合わせ、縫い代に切り込みを入れてアイロンで割ります。前面と背面を中表に合わせて、くちばし、ループつけ位置、返し口を残して縫います。縫い代に切り込みを入れてアイロンで割り、表に返します。化繊わたをしっかりと詰めます。ループを作り、ループを本体につけます。くちばしをつけて返し口をとじます。

フェルトの実物大型紙

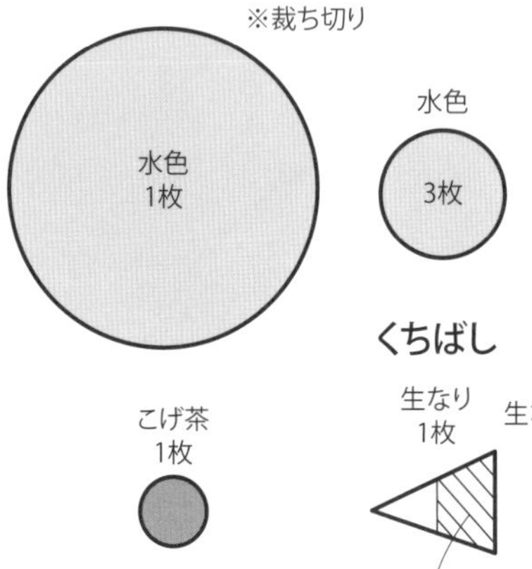

実物大型紙と刺しゅうの図案

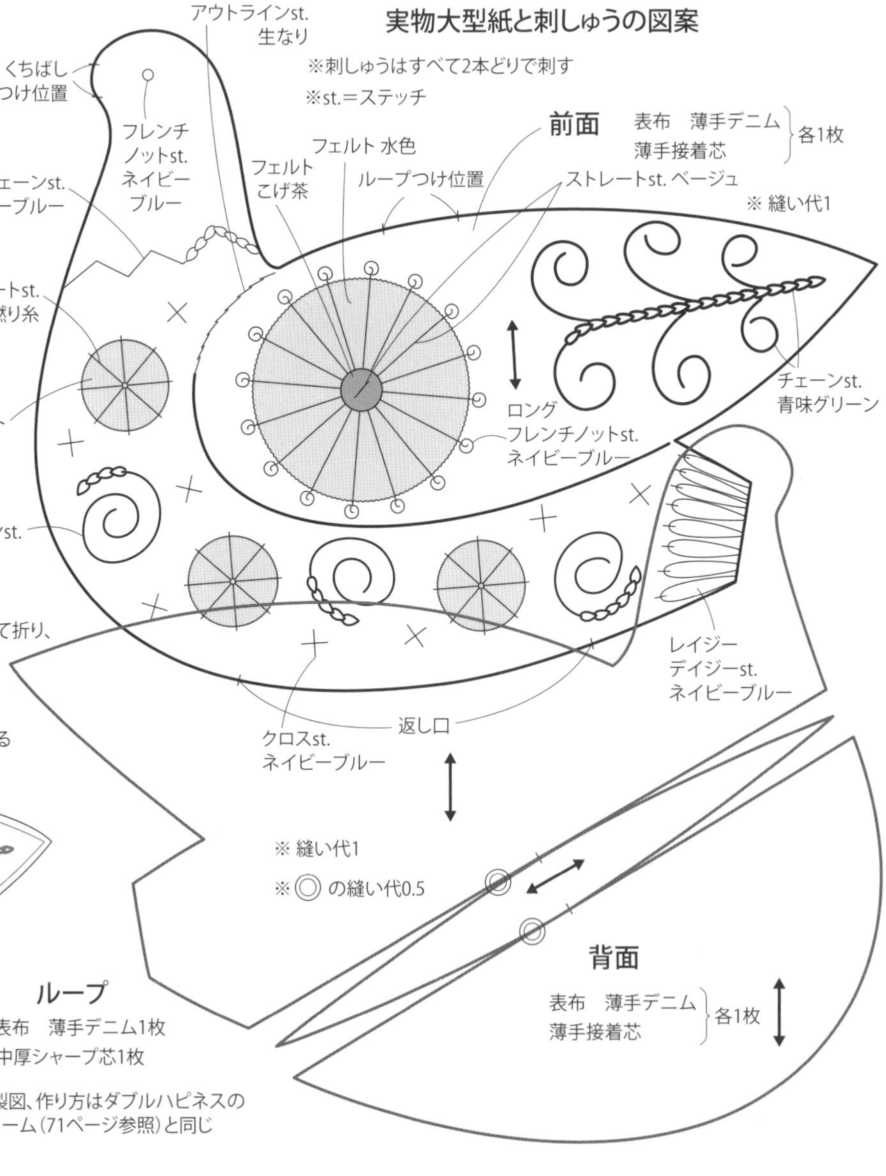

※指定のない数字の単位はcm

まとめ

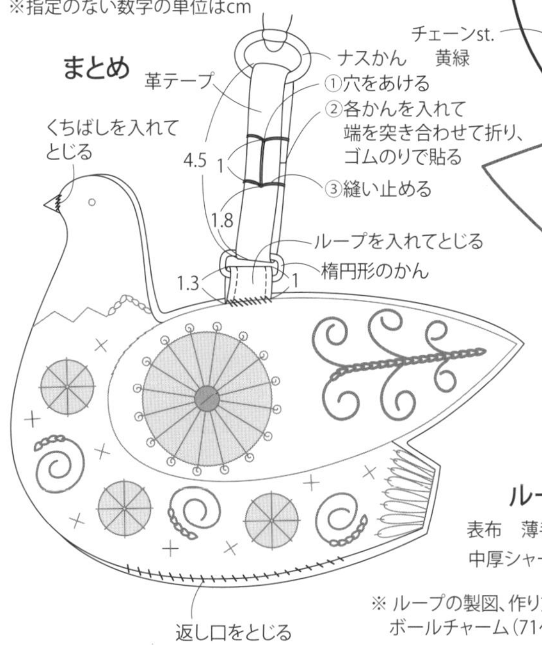

ループ

表布　薄手デニム1枚
中厚シャープ芯1枚

※ ループの製図、作り方はダブルハピネスのボールチャーム（71ページ参照）と同じ

13　14

26ページの作品

クロッシェとフェルトのチャーム

◎用意するもの

13　糸…モンドフィル　GOMMINA（ゴミナ）　黒（NERO）3g　厚さ3mmの羊毛フェルト…生なり13×13cm　直径2cmのボタン…赤1個　1.2cm幅の革テープ…赤7.6cm　1.8×3.8cmのナスかん…銀1個

14　糸…モンドフィル　GOMMINA（ゴミナ）　黒（NERO）7g　厚さ3mmの羊毛フェルト…生なり12×18cm　直径1.2cmのボタン…黄味ベージュ1個　直径4.5cmの花型パーツ…黒1個　3.8×5cmのナスかん…薄いベージュ1個

針…レース針2号

◎でき上がりサイズ

13　幅約11cm　長さ約13cm（ナスかん含まず）

14　幅約11cm　長さ約18cm（ナスかん含まず）

◎作り方ポイント

13・14 共通　モチーフは茎、葉の順にその都度糸をつけて編み、編み終わりで糸を切ります。型紙を参照して、モチーフをフェルトにまつりつけます（裏側に縫い目が出ないようにフェルトの厚みの半分をまつる）。まつりつけてからモチーフの3mm外側をカットします。

13　革テープを二つ折りにして、ナスかんを入れてからモチーフをまつりつけた羊毛フェルトをはさんで仕上げます。

14　ナスかんのループを編み、二つ折りにしてナスかんを入れてからモチーフをまつりつけた羊毛フェルトをはさんで両側を巻きかがりでとじます。

13

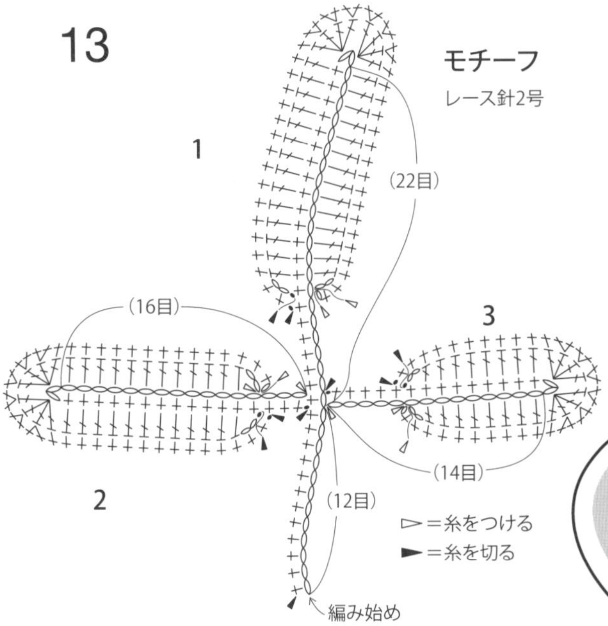

実物大型紙

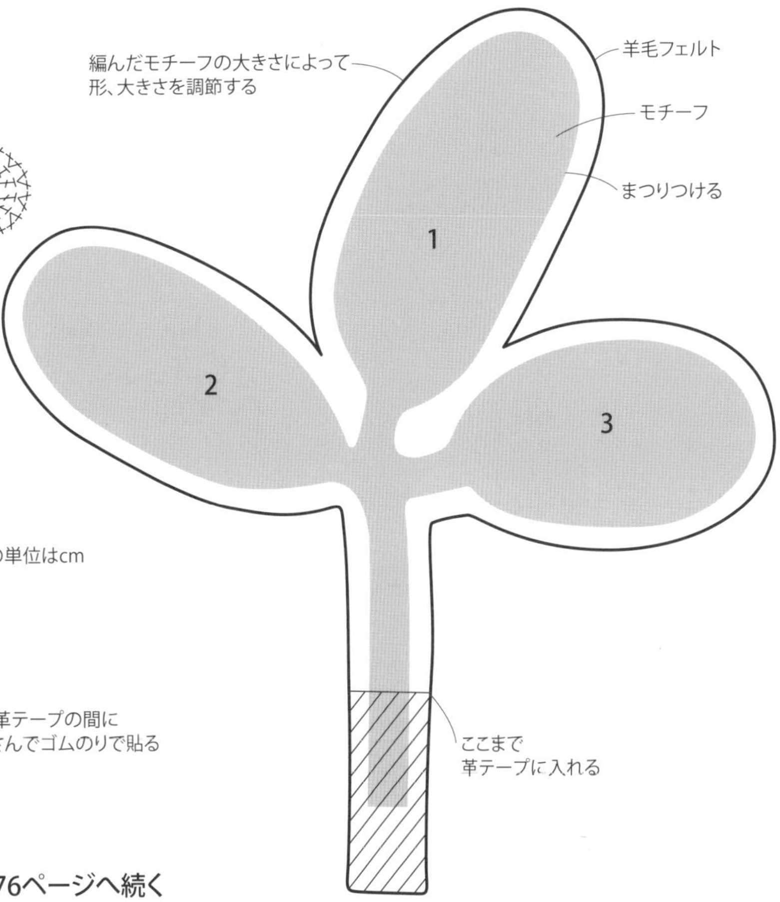

チャームの仕上げ方

※指定のない数字の単位はcm

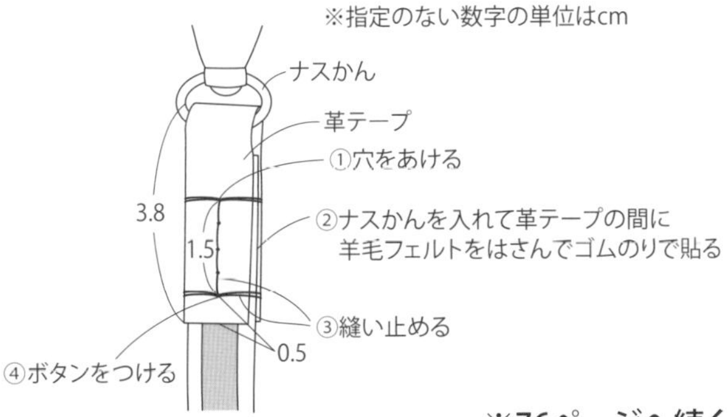

※76ページへ続く

14

モチーフ

レース針2号

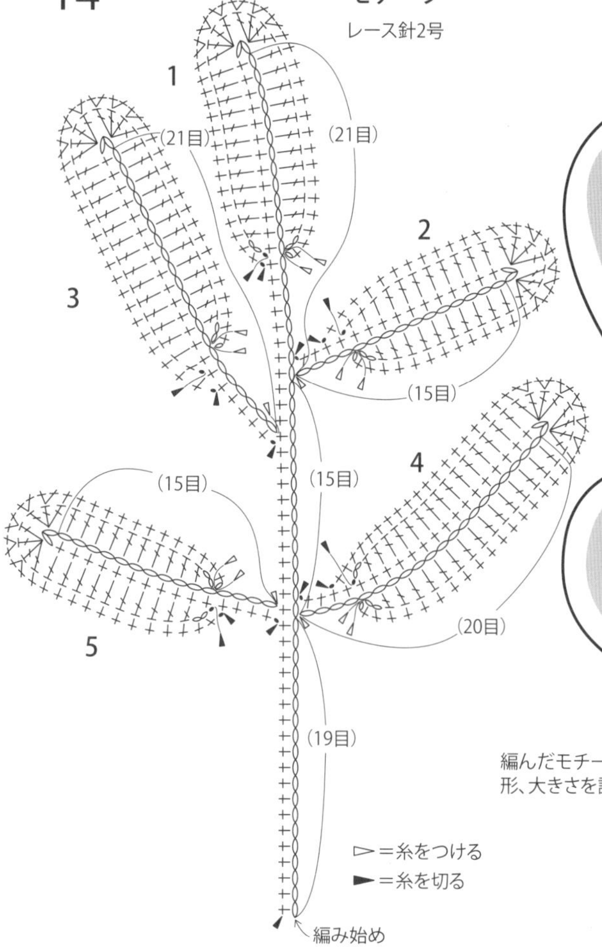

▷＝糸をつける

▶＝糸を切る

実物大型紙

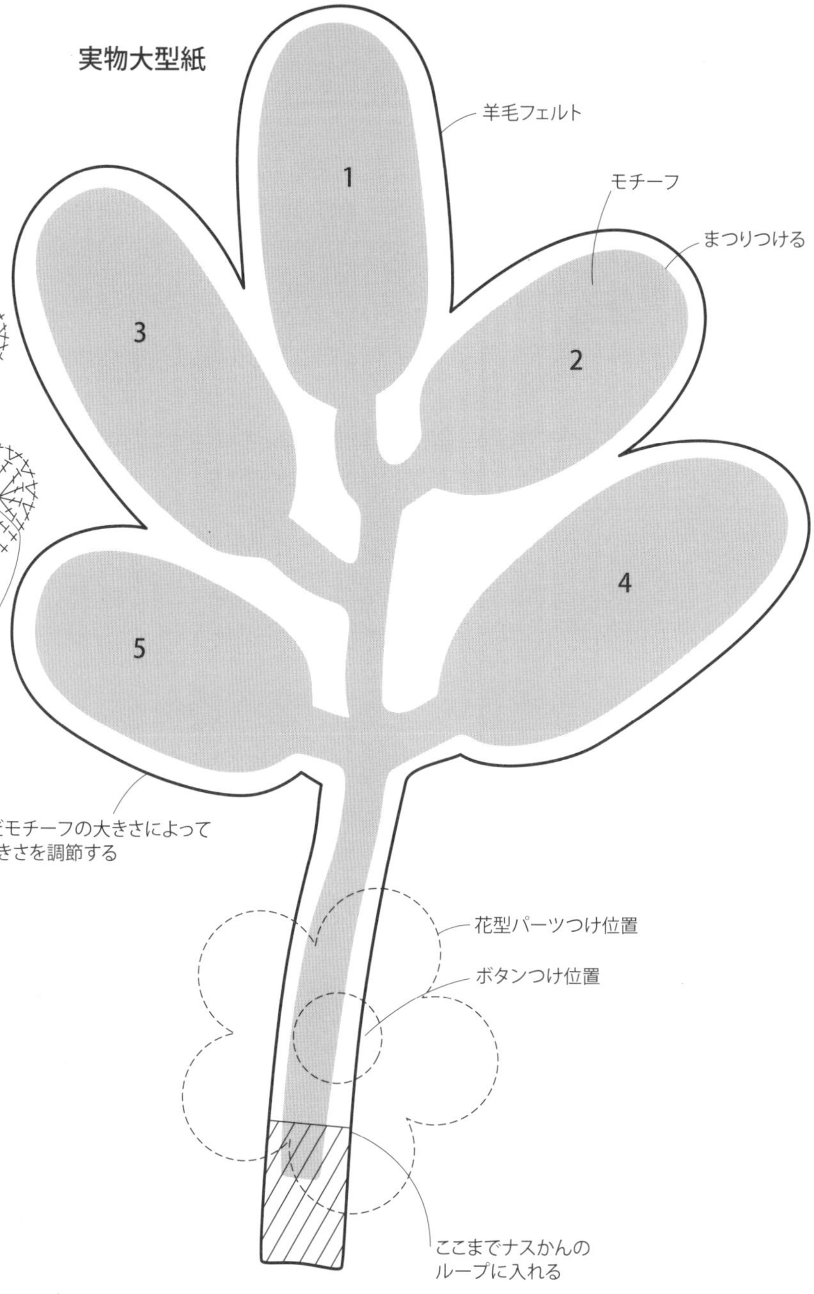

チャームの仕上げ方

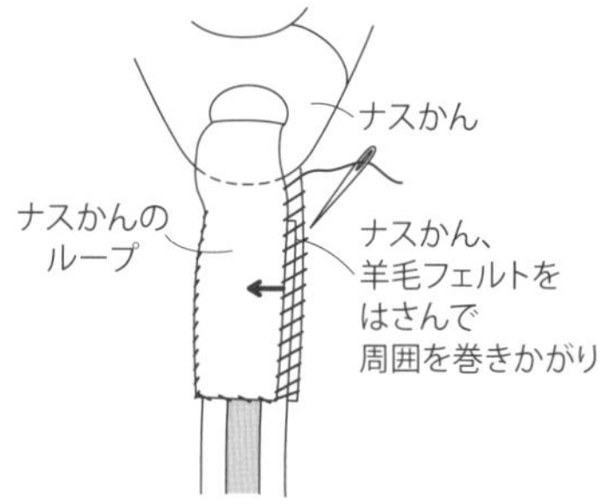

ナスかんのループ（細編みのうね編み）

2号針

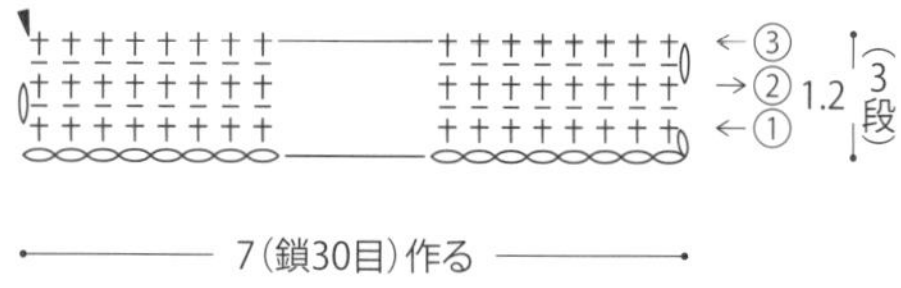

15・16

仕上げ方

15・16共通

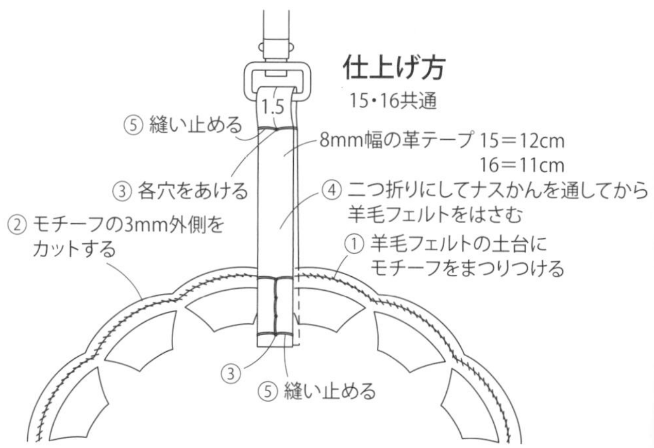

※指定のない数字の単位はcm

15 16

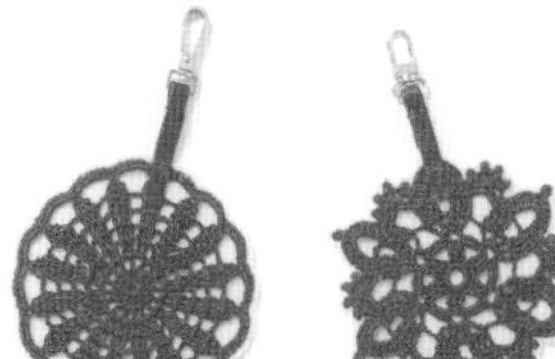

27 ページの作品

クロッシェとフェルトのチャーム

◎用意するもの

15 糸…モンドフィル　GOMMINA（ゴミナ）黒（NERO）6g　厚さ3 mmの羊毛フェルト…生なり13 × 13 cm　8mm幅の革テープ…黒 12 cm　1.5 ×4cmのナスかん…銀1個

16 糸…モンドフィル　GOMMINA（ゴミナ）黒（NERO）6g　厚さ3 mmの羊毛フェルト…生なり13 × 14 cm　8mm幅の革テープ…黒 11 cm　1.8 × 3.2 cmのナスかん…銀1個

針…レース針2号

◎でき上がりサイズ

15　直径約 12 cm（ナスかん含まず）

16　長径約 13 cm　短径 11.5 cm（ナスかん含まず）

◎作り方ポイント

15 はわの作り目、**16** は鎖編みをわにする作り目で編み始めます。型紙を参照して、モチーフをフェルトにまつりつけます（裏側に縫い目が出ないようにフェルトの厚みの半分をまつる）。モチーフの内側も要所をまつります。まつりつけてからモチーフの3mm外側をカットします。革テープを二つ折りにして、ナスかんを入れてからモチーフをつけた羊毛フェルトをはさんで仕上げます。

15

モチーフ
直径 11.5cm
レース針2号

※裏目側を表に使用

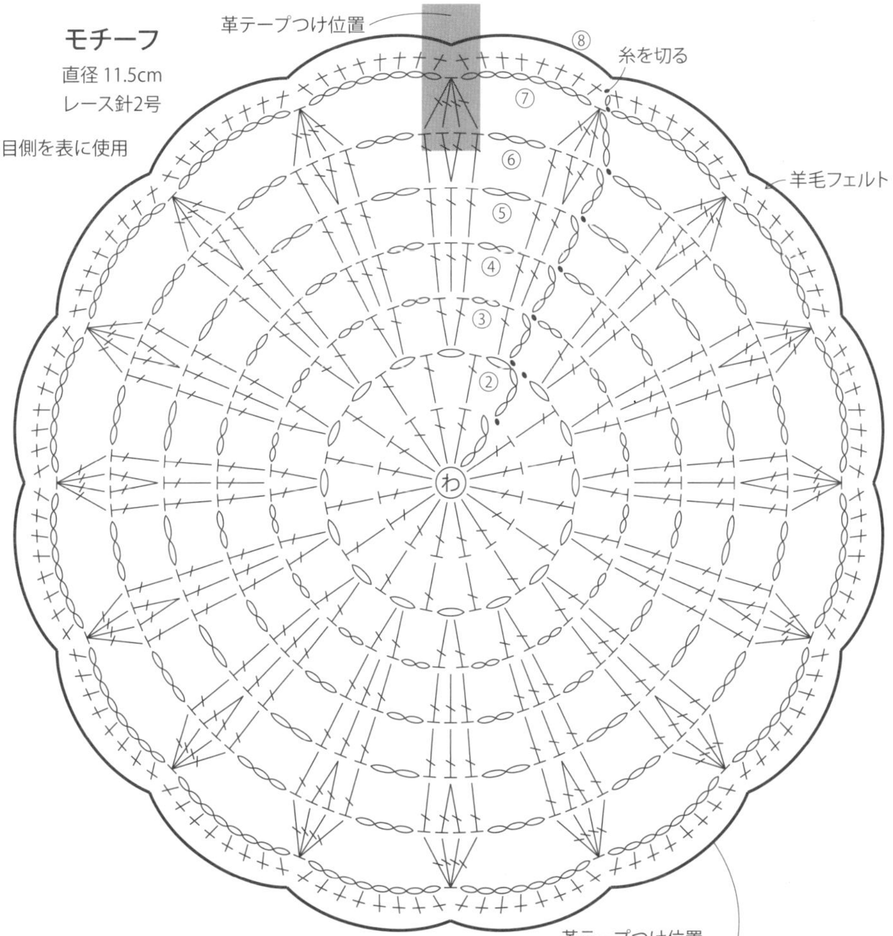

16

モチーフ
12.4×11cm
レース針2号

17

28 ページの作品

たわしガールのチャーム

◎用意するもの

糸…イシイクラフト　ラフィア　ブルーグレー（122）、ベージュ（101）、黒（121）各適宜　ホワイトレーン16/3　灰味ベージュ適宜、モンドフィル　GOMMINA（ゴミナ）…黒（NERO）10ｇ　直径2cmのフェルトボール…黄土色 12 個　顔用パーツ…直径3mmの縫いぐるみ用ボタン　黒2個　直径3mmの丸ビーズ　朱赤16 個　直径1cmのリング　緑2個　25 番刺しゅう糸…赤適宜　直径8mmの円形スパングル…赤 288 枚　2 × 4.8 cmのナスかん…グレー1個　化繊わた適宜

針…レース針0号　2号

クロバーポンポンメーカー…65 mm

◎でき上がりサイズ

身長約 24 cm

◎作り方ポイント

頭、ボディ、手、靴を編みます。ボディは 11 段めの頭に黒で引き抜き編みを編みつけます。スカートはボディの引き抜き編みを拾って編みますが、糸にスパングルを通しておきます。ボディにわたを詰め、編み終わりを巻きかがりではぎ合わせます。頭もわたを詰め、ボディに巻きかがりでつけます。腕、脚をフェルトボールでホワイトレーンを通して作ります。ポンポンはラフィアを軽く湿らせるとポンポンメーカーに巻きやすいです。中心にきつく糸（ホワイトレーン）を巻き、固く結びます。ラフィアを裂いて細くしてから、直径4cmに切り揃えます。頭の中心にポンポンの結び糸でポンポンをつけます。腕、脚は通したホワイトレーンの糸でボディにつけて、フェルトボールのボディに当たる部分を巻きかがりにします。顔に各パーツをつけて、口を刺しゅうします。

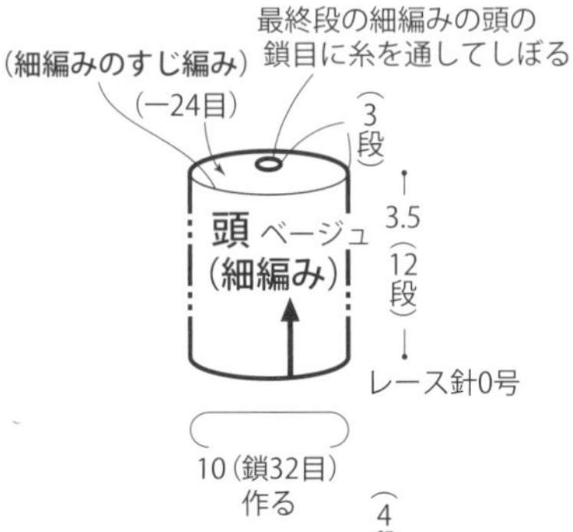

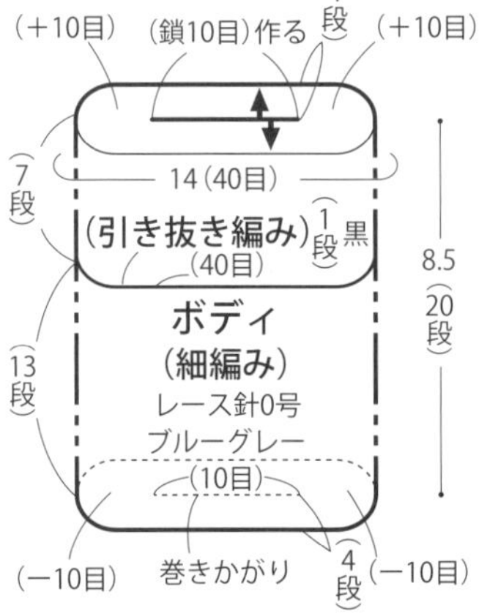

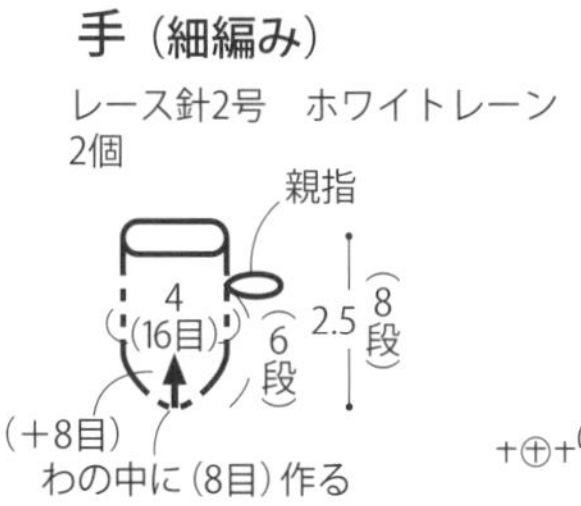

※指定のない数字の単位はcm

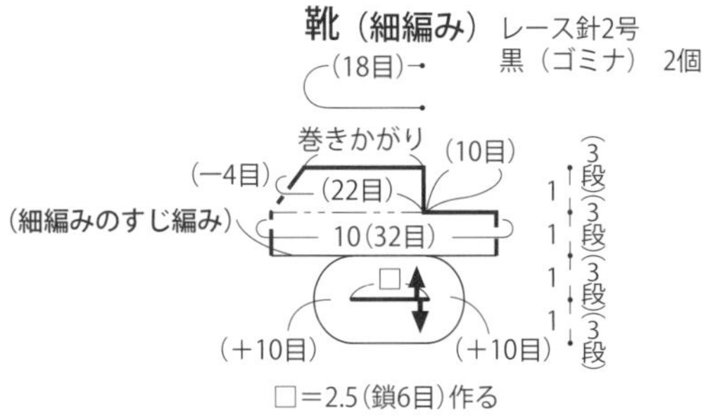

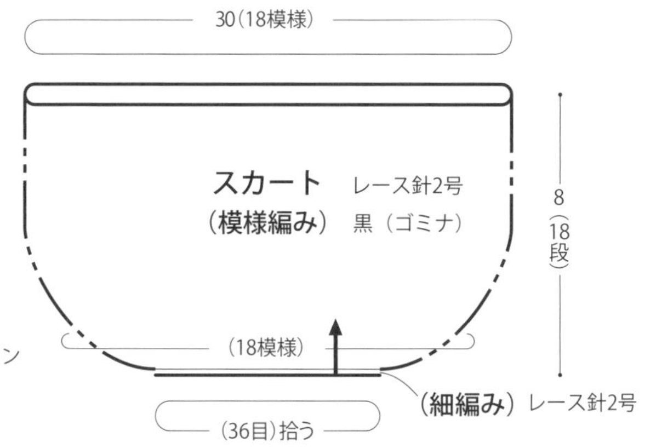

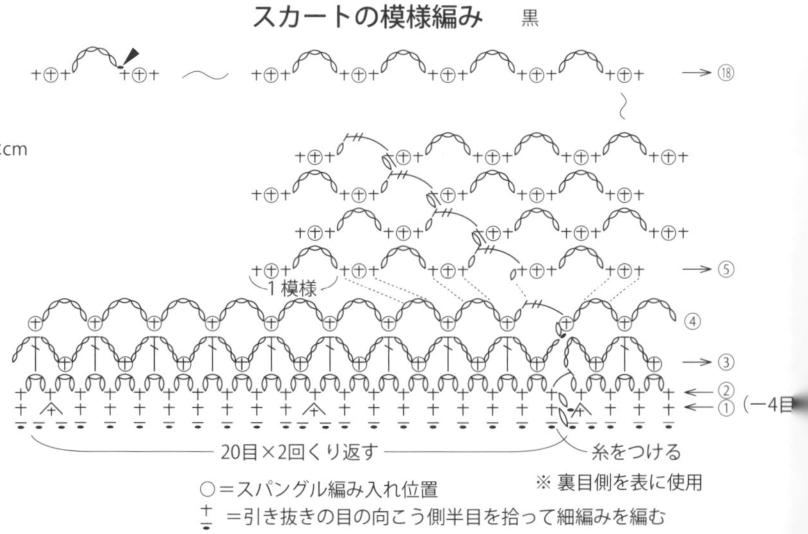

頭　レース針0号　ベージュ

※ 裏目側を表に使用

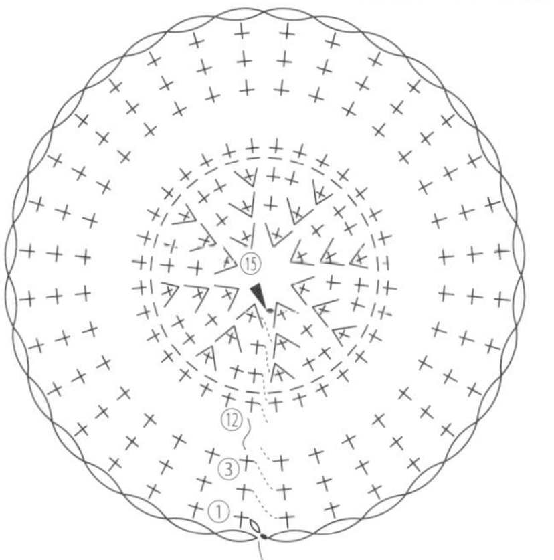

▶ ＝糸を切る

腕

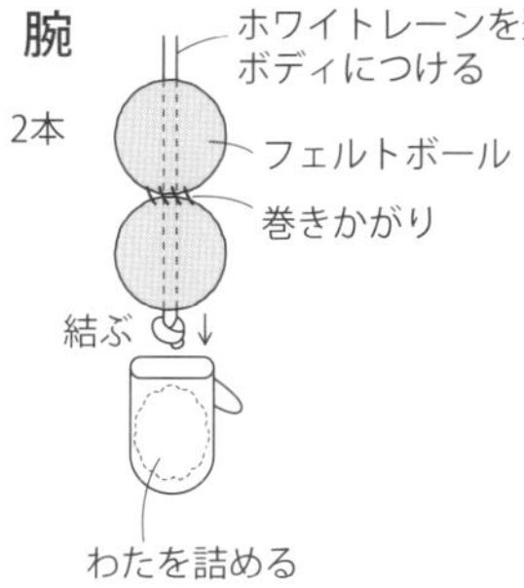

手　レース針0号　ホワイトレーン　2個

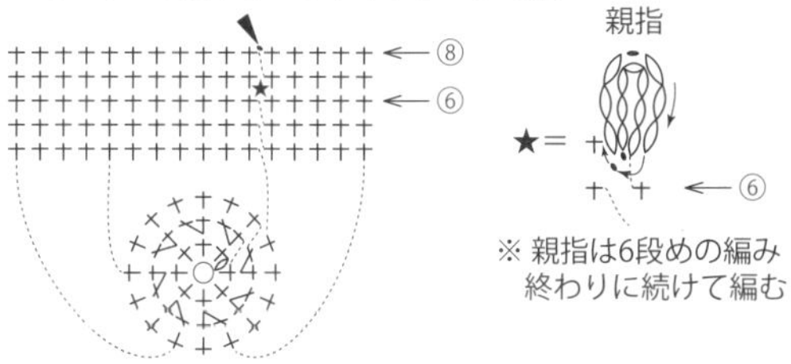

※ 親指は6段めの編み終わりに続けて編む

※ 裏目側を表に使用

脚

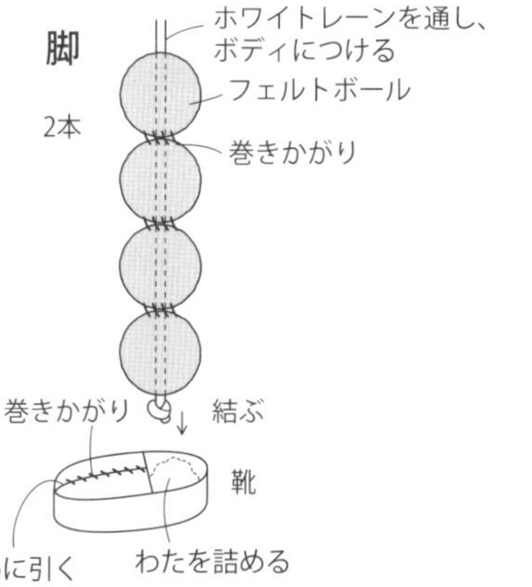

ボディ　レース針0号　ブルーグレー

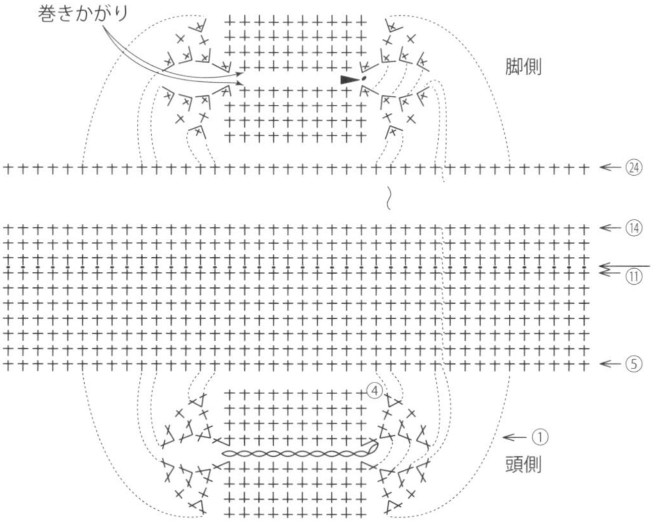

※ 裏目側を表に使用

※指定のない数字の単位はcm

靴　レース針2号　黒（ゴミナ）　2個

※ △と△を巻きかがり

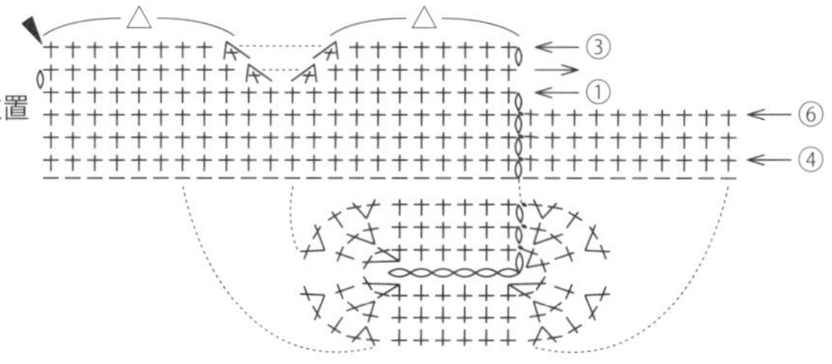

まとめ　※st.＝ステッチ

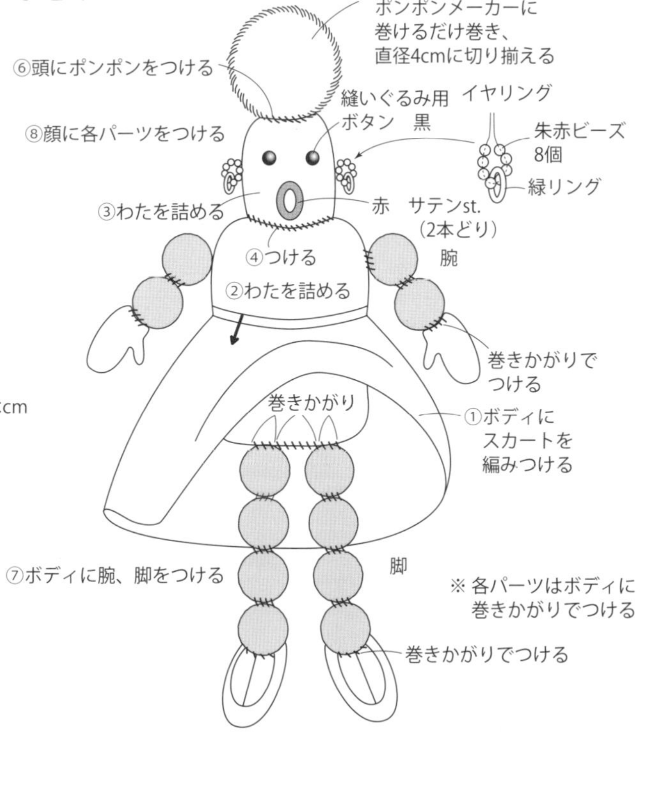

※ 各パーツはボディに巻きかがりでつける

ナスかんのループ

（細編みのうね編み）　黒（ゴミナ）　レース針2号

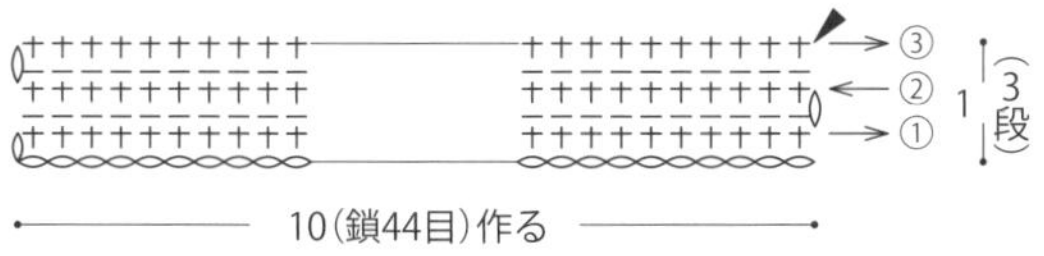

ナスかんのつけ方

※指定のない数字の単位はcm

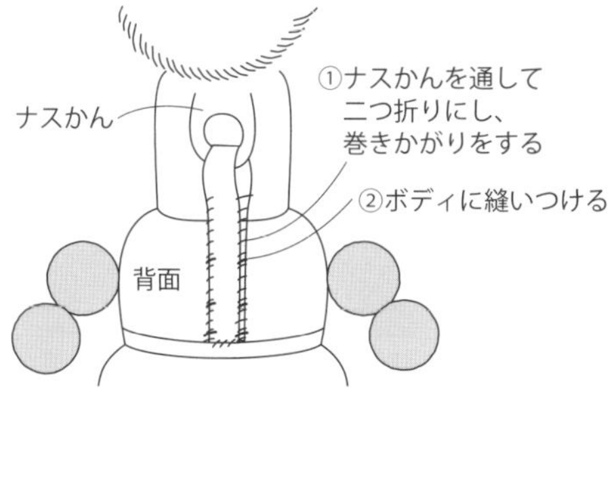

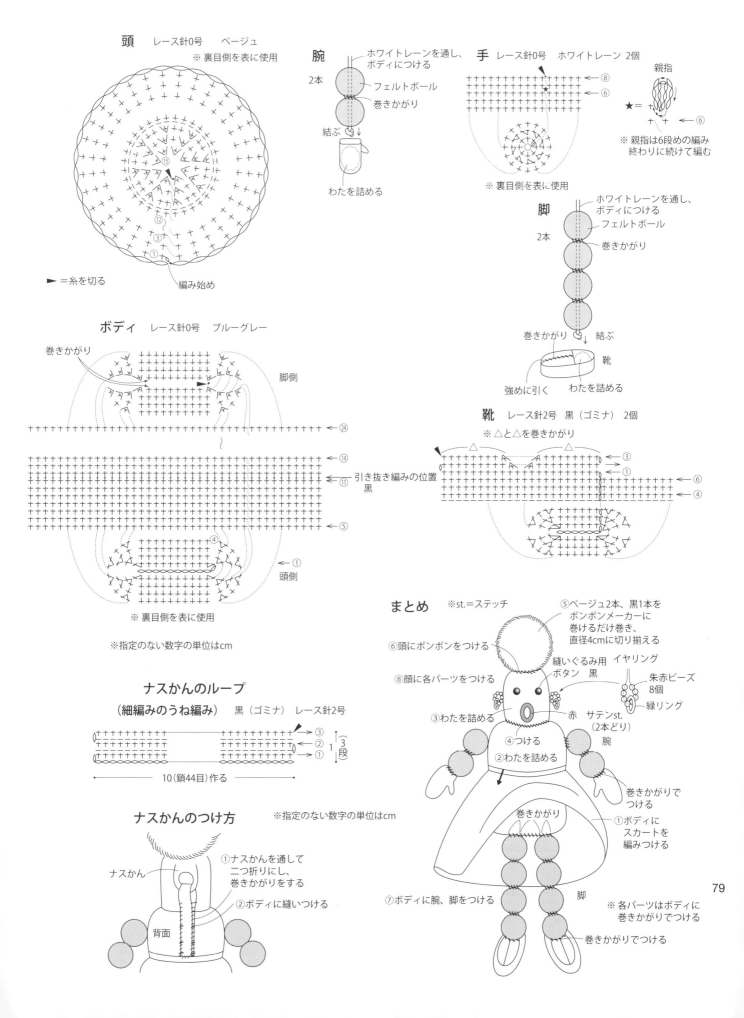

18

19

30ページの作品

18　ネイティブアメリカン風のショルダーストラップ
19　エスニック風のショルダーストラップ

◎用意するもの

18　厚さ3mmの革のシート…黒5×96cm　コンチョ…直径3cm　銀1個　直径2.4cm　銀6個　2mm幅の革テープ…白230cm　パーツクラブ　直径4mmの丸ビーズ…ターコイズ（練り）（ST-00871-16）152個　4.5cm幅の綾テープ…黒89cm　フェルト…チャコールグレー　2×11cm　**19**　厚さ3mmの革のシート…ベージュ5×82cm　2mm幅の革テープ…赤264cm　ビーズ…12×18mmのしずく型赤系マーブル16個　直径5mmの丸　赤51個　4.5cm幅の綾テープ…薄茶75cm　**共通**　3×6cmのナスかん…銀2個

◎でき上がりサイズ

幅5cmは2点共通　長さ　18　89cm　19 75cm（ナスかん含まず）

◎作り方ポイント

革のシートは指定のサイズにカットし、パーツつけ位置に穴をあけておきます。綾テープのつけ方は81ページを参照します。

18　コンチョは裏にフェルトを当てて取りつけ、革テープはねじらないようにしてクロスに刺します。丸ビースを革テープの上下に通します。

19　18と同じ要領で、革テープを刺してから、各ビーズを通します。しずく型ビーズは中心から向きを左右対称に通します。

18

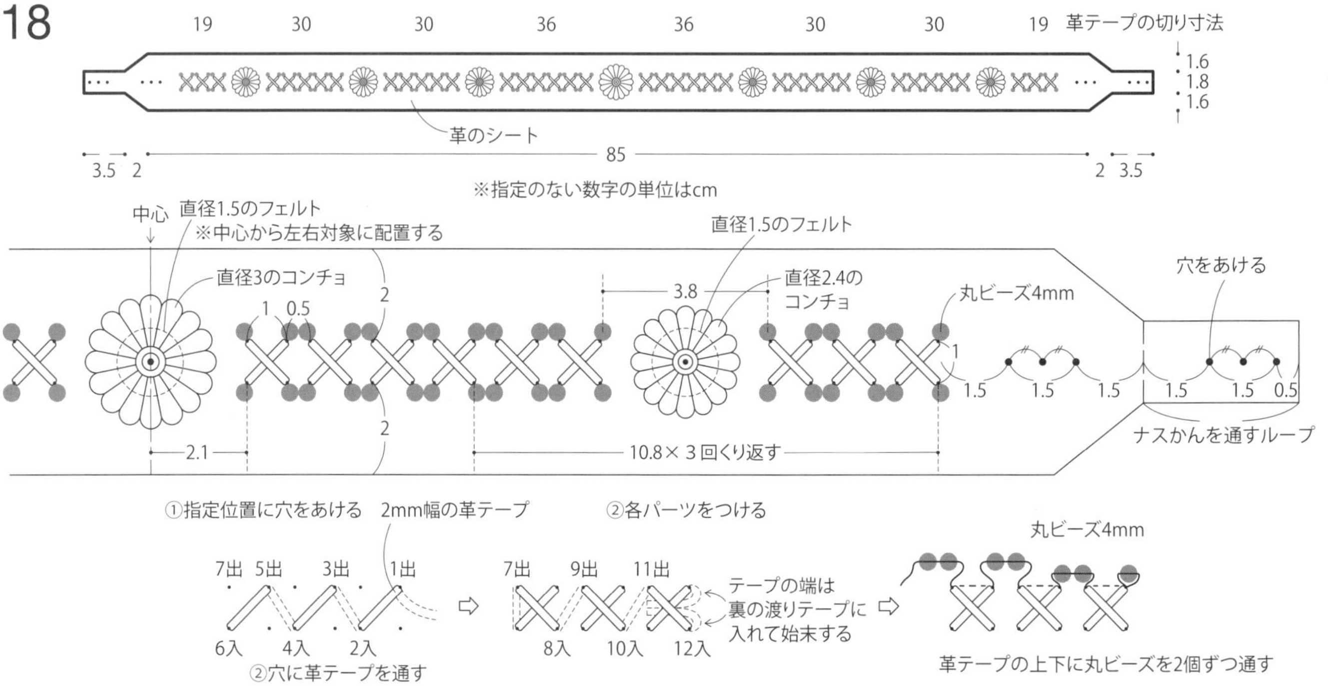

19

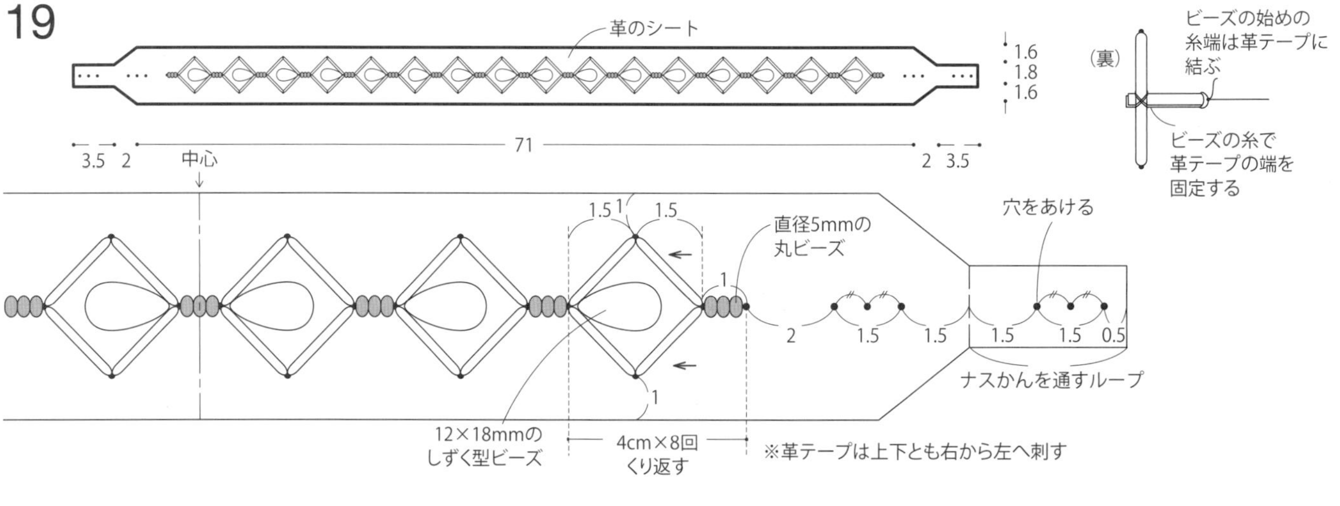

20

30ページの作品

四角ビーズ編みのショルダーストラップ

◎用意するもの

厚さ3mmの革のシート…グリーン5× 70 cm　ビーズ…MIYUKI　スクエアビーズ4×4×4mm　グリーン（SB 411 FR）520 個　糸…エクトリー　パトラDXマットタイプ　ブルー（605）18 g　4.5 cm幅の綾テープ…薄茶 63 cm　3×6cmのナスかん…銀2個

針…かぎ針 4/0 号、5/0 号

◎でき上がりサイズ

幅5cm　長さ 63 cm（ナスかん含まず）

◎作り方ポイント

革のシートは指定のサイズにカットし、モチーフつけ位置に穴をあけておきます。糸にビーズを通してからモチーフを編み、穴に縫いつけます。綾テープの両端をでき上がりに折り、本体の裏側に貼りますが、平らに貼らずに、本体を少し内側にカーブさせながら貼ります。ところどころ穴を利用して縫い止めます。本体のループ通しはナスかんを通してからでき上がりに折り、2回糸を通して縫いつけます。

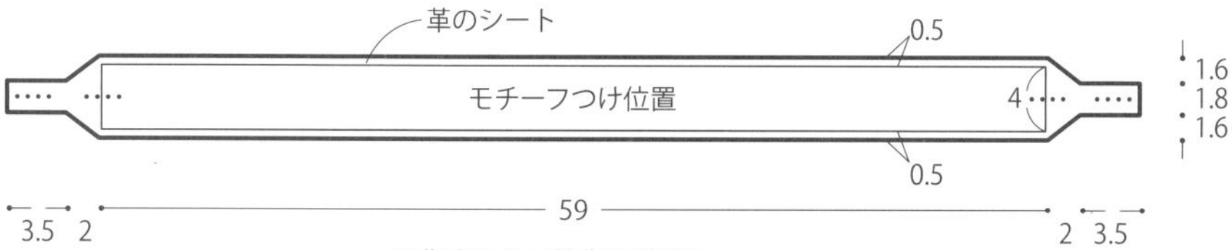

※指定のない数字の単位はcm

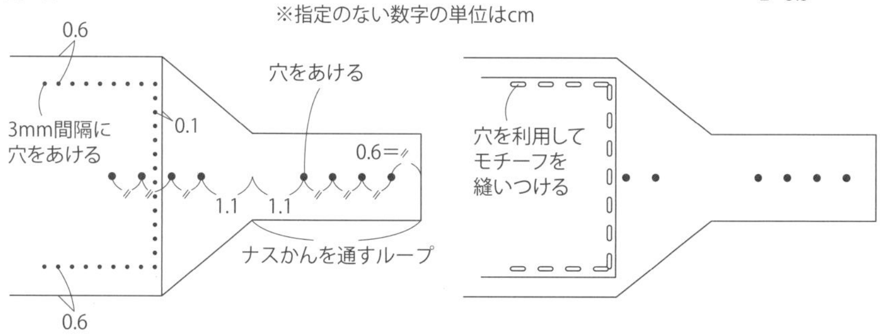

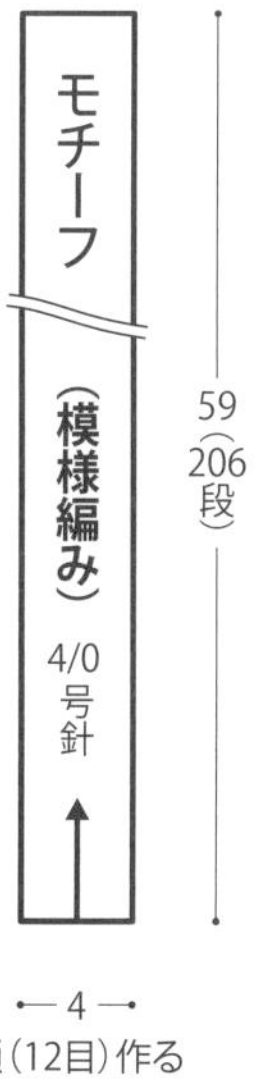

※ビーズを520個通しておく

模様編み

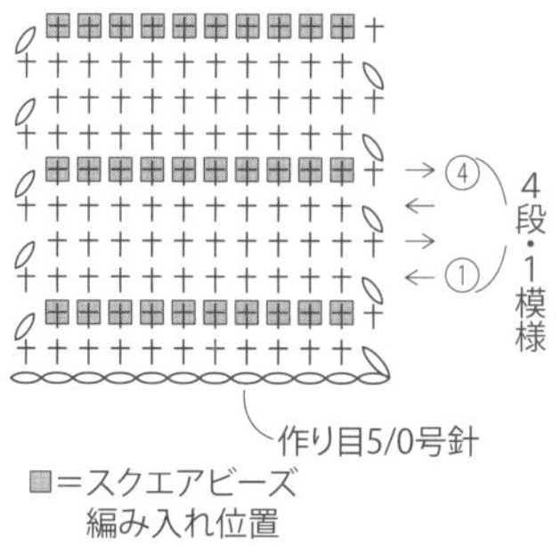

ナスかんをつける（3点共通）

ところどころ本体の穴を利用して表にひびかないように縫い止める

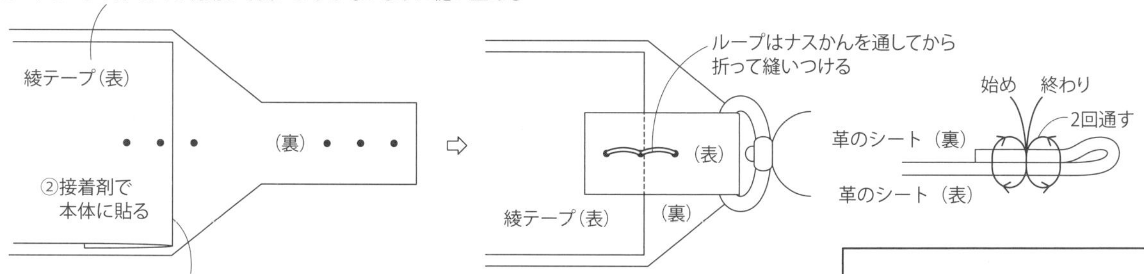

19

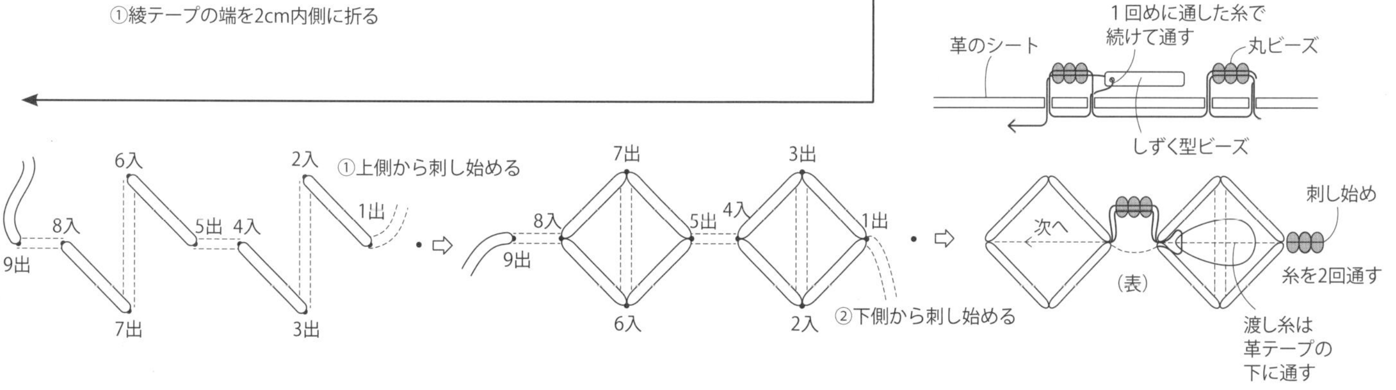

21

34 ページの作品

四角ビーズ編みのチョーカーネックレス

◎用意するもの

糸…エクトリー　パトラDXマットタイプ　ブルー（605）18 g　シルバー（601）16 g　ビーズ…MIYUKI　スクエアビーズ4×4×4mm　ブロンズグリーン（SB 2008）765 個　つや消し黒（SB 401 F）680 個

9× 36 mmのクラスプ…つや消し銀1個

針…かぎ針 4/0 号

◎でき上がりサイズ

長さ約 45 cm（クラスプ含まず）

◎作り方ポイント

各モチーフは 85 個のビーズを通しておきます。鎖編みの作り目をして、半目と裏山を拾って編みます。モチーフAは編み始めと編み終わり、両端の段を巻きかがりでわにします。モチーフBはモチーフAを2個ずつ入れて、鎖状につなぎながらわにします。またはAとBを交互に入れながらわにする方法でもいいです。クラスプのループを編み、クラスプを通して二つ折りにし、端のモチーフAに巻きかがりでつけます。

本体（細編み）

4/0号針

A＝糸 ブルー スクエアビーズ ブロンズグリーン　9個

B＝糸 シルバー スクエアビーズ つや消し 黒　8個

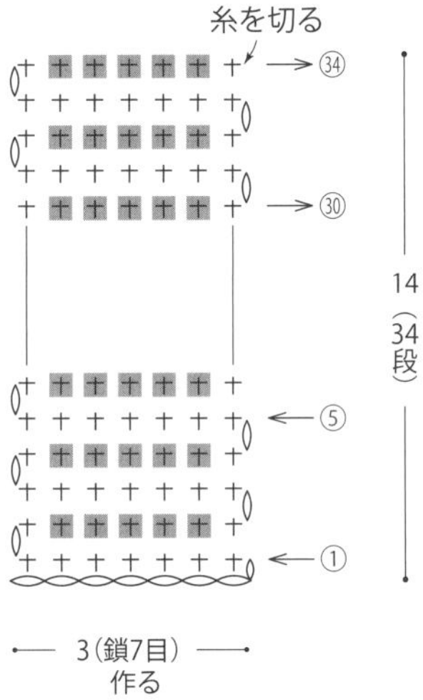

■＝スクエアビーズ編み入れ位置

※モチーフ1個に85個を通しておく

※指定のない数字の単位はcm

クラスプのループ（細編み）

4/0号針　ブルー

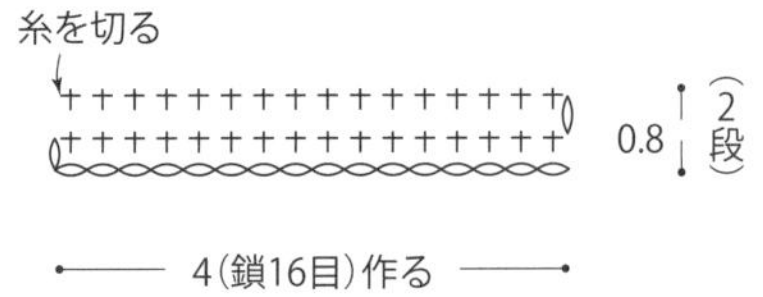

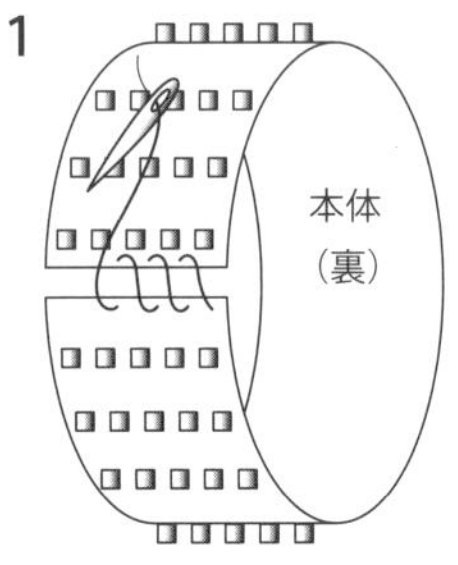

編み始めと編み終わりを巻きかがり

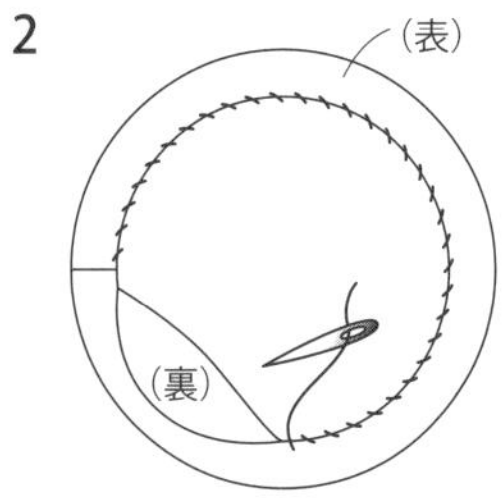

Aは外表に折って巻きかがり

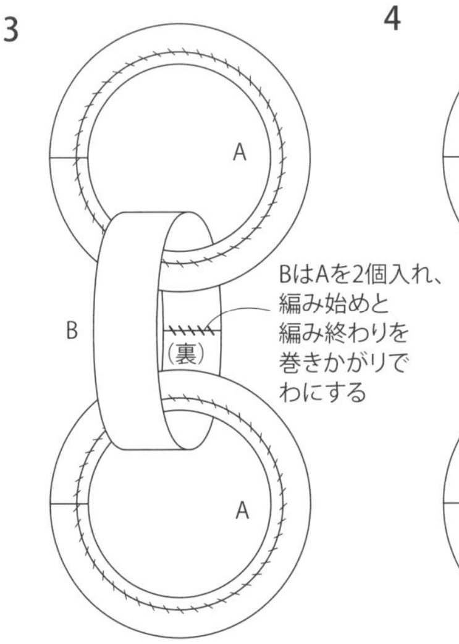

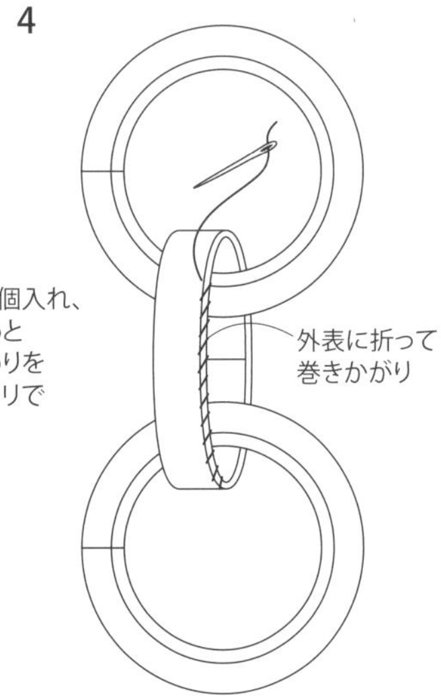

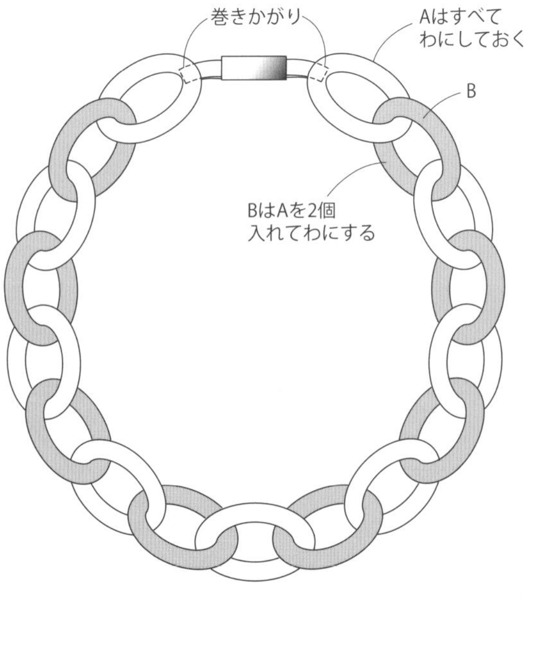

22

35ページの作品

四角ビーズ編みのブローチ

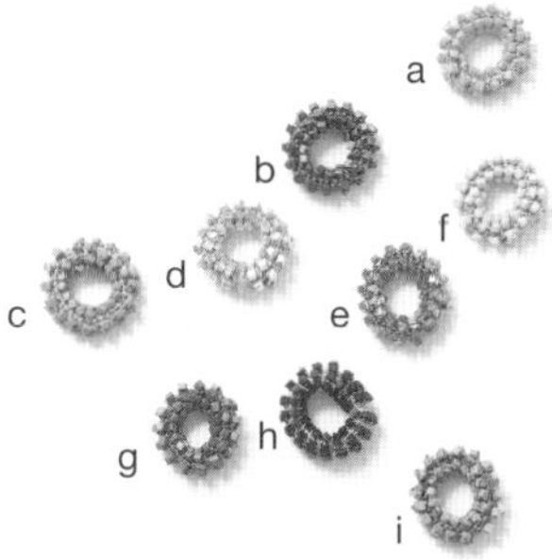

◎用意するもの

糸…エクトリー　パトラDXマットタイプ　a、c、d、f、h　シルバー（601）、b　グリーン（604）、e　オレンジ（603）、g、i　ブルー（605）各適宜　ビーズ…MIYUKI　スクエアビーズ4×4×4mm　a　黄（SB404FR）、b　ブロンズ色（SB2006）、c　グリーン（SB411FR）、d　シルバー（SB1051）、e　透明ブルー（SB2642）、各80個　f　灰味ピンク（SB2023）、g　濃いグレー（SB2002）各75個　h　つや消し黒（SB401F）85個　i　ターコイズ（SB4514）80個

共通　2.5 cm幅のブローチピン…銀1個

針…かぎ針 4/0 号

◎でき上がりサイズ

A、B、Cとも直径約 4.5 cm

◎作り方ポイント

本体のビーズはAサイズは75個、Bサイズは80個、Cサイズは85個のビーズを通しておきます。鎖編みの作り目をして、半目と裏山を拾って編みます。編み始めと編み終わり、両端の段を巻きかがりでわにします。巻きかがりの位置を内側にしてブローチピンをつけます。

本体（細編み）

4/0号針

※指定のない数字の単位はcm

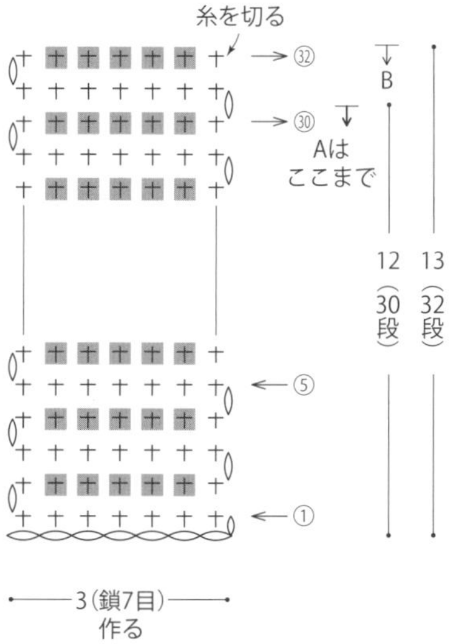

■＝スクエアビーズ編み入れ位置

※サイズAは75個、サイズBは80個、Cサイズは85個を通しておく

1

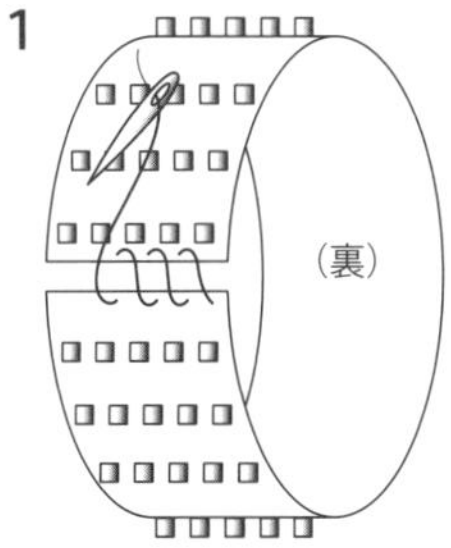

編み始めと編み終わりを
巻きかがり

2

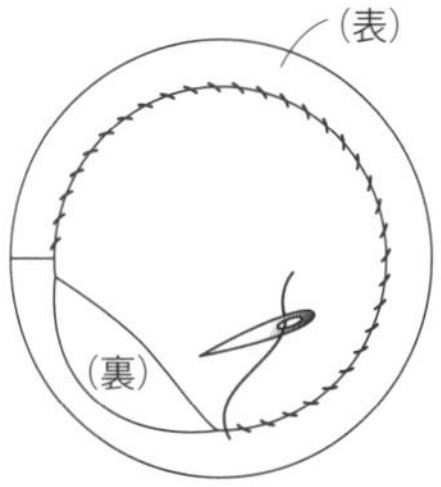

外表に折って
巻きかがり

3

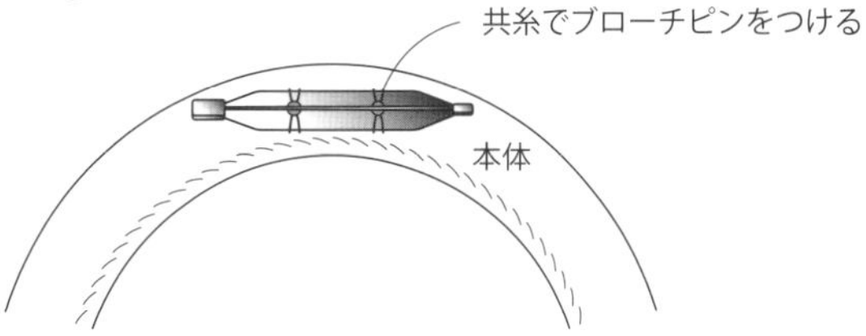

配色表

	サイズ	糸	ビーズ
a	B	シルバー	黄
b	B	グリーン	ブロンズ色
c	B	シルバー	グリーン
d	B	シルバー	シルバー
e	B	オレンジ	透明ブルー
f	A	シルバー	灰味ピンク
g	A	ブルー	濃いグレー
h	C	シルバー	つや消し黒
i	B	ブルー	ターコイズ

※hのCサイズは82ページの21の本体と同じ目数と段数で編む

23

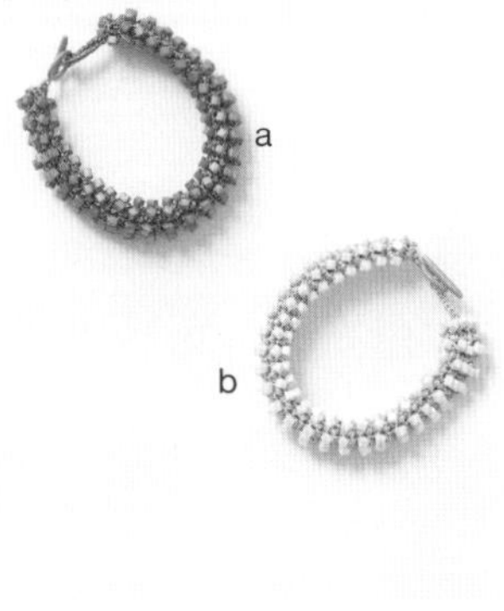

35ページの作品

四角ビーズ編みのブレスレット

◎用意するもの

糸…エクトリー　パトラDXマットタイプ　a　ゴールド（602）、b　シルバー（601）各5g　ビーズ…MIYUKI　スクエアビーズ3×3×3mm　a　ブロンズ色（SB 2035）、b　白（SB -421）各196個　共通　留め金具…直径1.2 cm　つや消し金1組　ボーン芯…6mm幅17 cm

針…かぎ針4/0号

◎でき上がりサイズ

長さ約19.5 cm（留め金具含まず）

◎作り方ポイント

糸にビーズ196個を通しておきます。鎖編みの作り目をして、半目と裏山を拾って編みます。両端の段を巻きかがりでわにします。編み始めと編み終わりはボーン芯を入れて縫いしぼります。編み始め側には留め金具を縫いつけ、編み終わり側はループの鎖を編み、留め金具を通してから引き抜き、鎖の裏山を拾って引き抜き編みを編みます。

1　両脇を巻きかがりでわにする

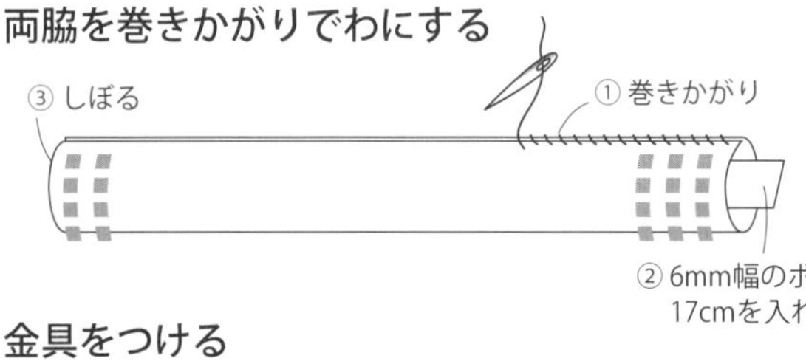

2　金具をつける

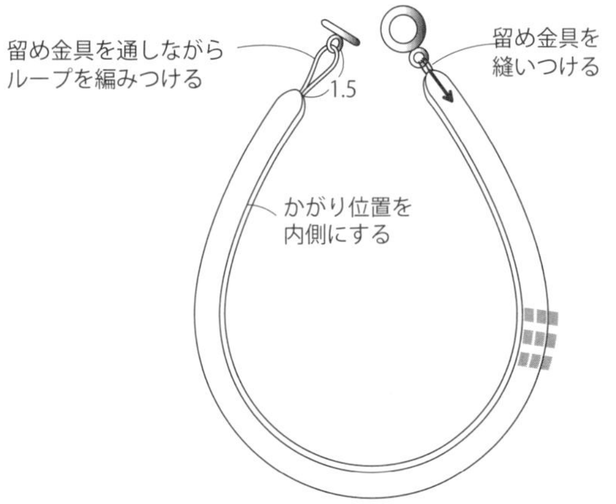

※指定のない数字の単位はcm

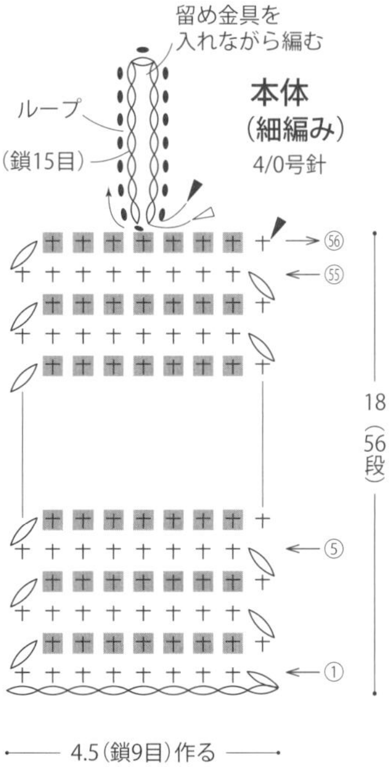

▷＝糸をつける
▶＝糸を切る

※ 編み始め、編み終わりとも
目に糸を通してしぼる

■＝スクエアビーズ編み入れ位置
※196個を通しておく

28・29

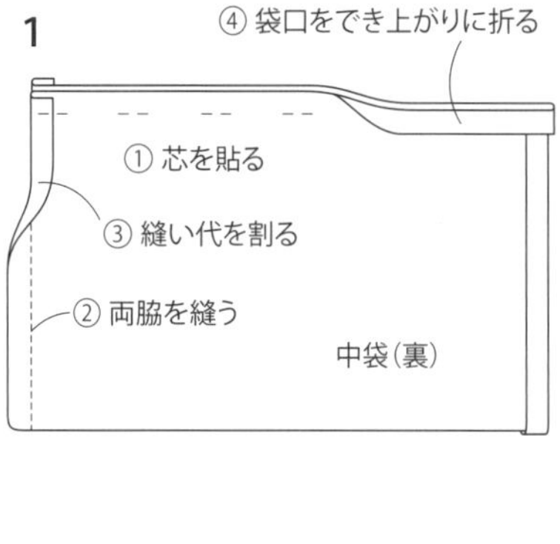

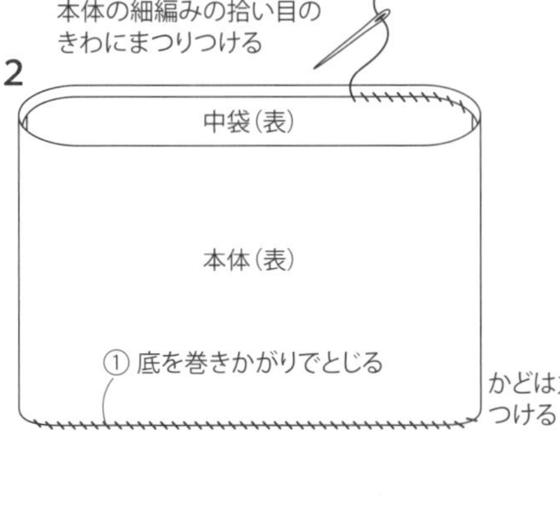

28

29

44・45 ページの作品

クロッシェのがま口

◎用意するもの

糸…モンドフィル　H．T．F　**28**　黒（B -25）、**29**　灰味ブルー（45）各 110 g　中袋用布…コットン地　**28**　チャコールグレー系プリント、**29**　ピンク系プリント各 26 × 30 cm　接着芯…**28**　アピコ芯　黒、**29**　中厚芯各 26 × 30 cm　15 ×5cmの玉つき口金…MOTIF　銀　**28**　オレンジ色の玉、**29**　グレーの玉各1個　ファイヤーライン…6LB適宜

針…かぎ針 4/0 号

◎でき上がりサイズ

幅約 24 cm　深さ約 14 cm（口金含まず）

◎作り方ポイント

本体は底から鎖編みの作り目をして、鎖目の半目と裏山を拾って編み始めます。わに 15 段編み、細編みと細編みのすじ編みを編みます。底の鎖目どうしを巻きかがりで合わせます。かどは縫いしぼって丸みを出します。中袋を仕立て、内側を表にして本体の中に入れます。袋口を細編みの拾い目のきわにまつりつけます。本体の両脇を8目ずつ残して、口金にファイヤーライン 2 本どりで平均に目をとばして、細編みのすじ編みの頭の下に半返し縫いでつけます。

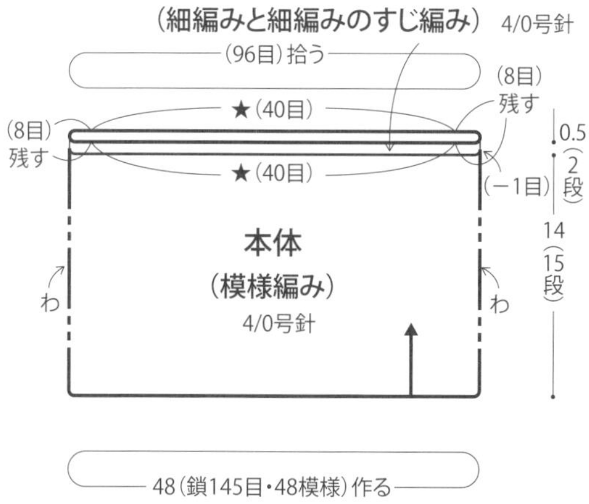

※★の部分を口金につける　※指定のない数字の単位はcm

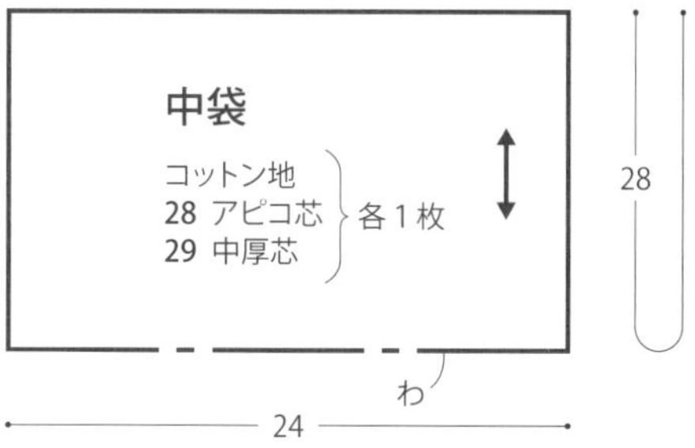

※縫い代 1

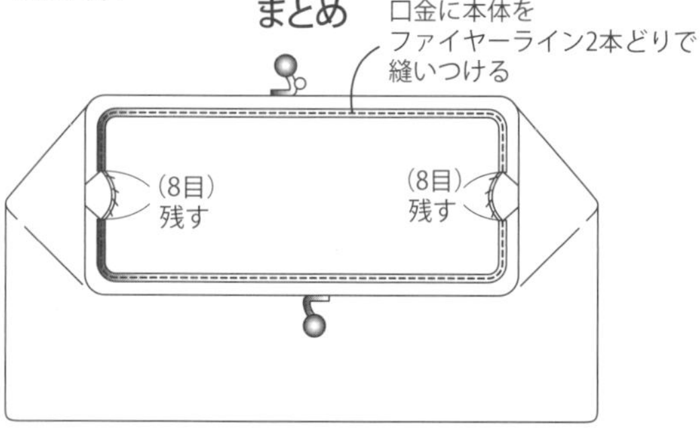

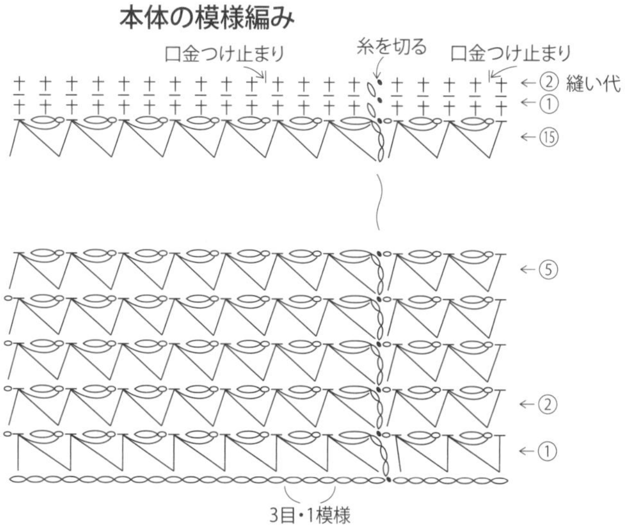

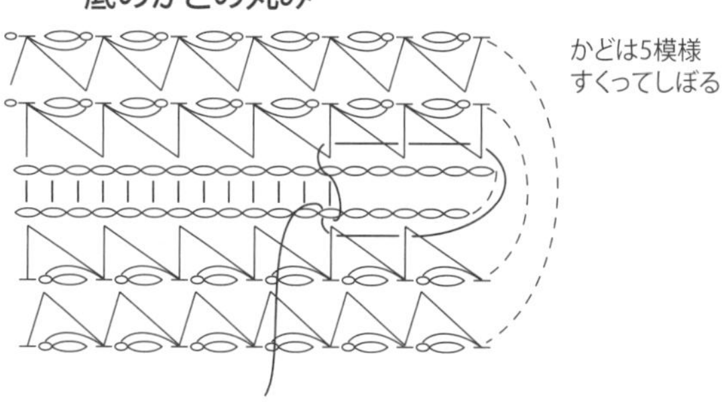

24

36 ページの作品

グラニーズ

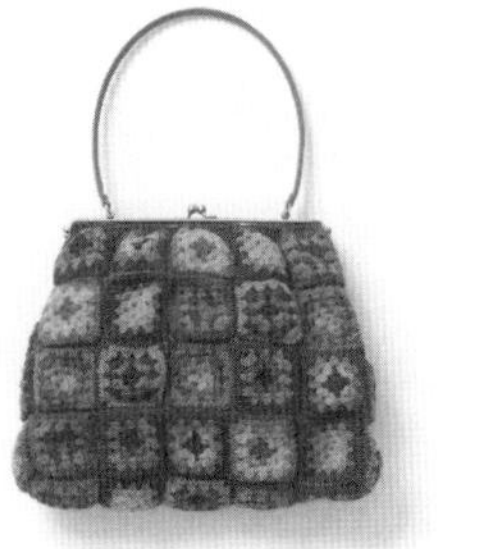

◎用意するもの

糸…NKヤーン　イエロー（27）、ペールグリーン（146）、グレー（145）各4g　ブルーグリーン（135）、バイオレット（88）、水色（133）、ネイビーブルー（22）、ミントグリーン（139）、茶味レンガ（104）、淡いパープル（132）各7g　濃紺（39）8g　若草色（28）、薄カーキ（55）、黄緑（92）ダークグレー（103）、各10g、オペラピンク（61）12g　カーキ色（98）、茶味グリーン（74）、濃いグリーン（97）、オーシャンブルー（7）、カリビアンブルー（51）各13g　青（29）、緑（138）各19g　濃いパープル（101）24g　濃いグレー（38）70g　直径8mmのビニールリング…53個　中袋用布…麻地　ブルー54×56cm　接着芯…薄手芯　黒38×56cm　中厚芯14×13cm　6mm幅のボーン芯47cm　23×10cmの口金…ソウヒロ　アンティークゴールド（JTM-B109A）1組　1.2cm幅の真田紐…グレー50cm

針…かぎ針2/0号

◎でき上がりサイズ

幅約30cm　深さ約25.5cm　まち幅6cm（口金含まず）

◎作り方ポイント

各モチーフはビニールリングに編みつけて編み始め、毎段糸を切って、新たに糸をつけて編みます。裏目側を表に使用します。必要枚数を編んでおきます。青を使って巻きかがりで、側面とまちを横方向に12枚つないでわにします。4列作り、底は5枚つなぎます。次につないだ列と列をつないでいき、最後に底をつなぎ合わせます。袋口から長編みを拾って編み、本体モチーフのきわにまつりつけます。中袋を仕立てて本体の中に入れ、袋口のバー通しのまつり位置にまつりつけます。口金のバーを袋口に通し、バー両端のボルトをしめます。持ち手を作って口金につけます。

本体（モチーフつなぎ）53枚

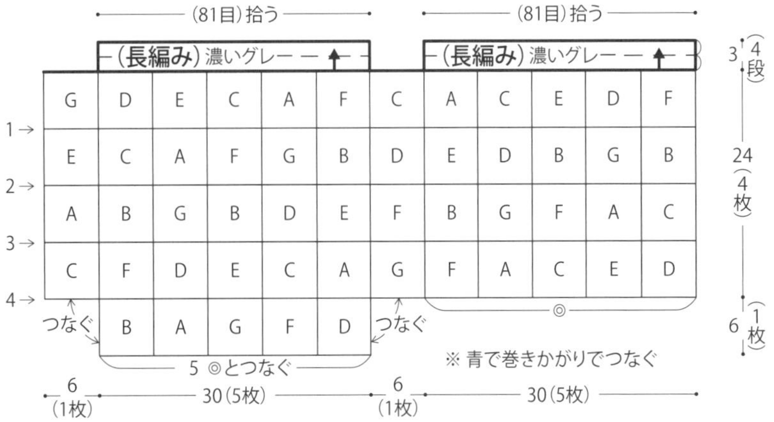

※ すべて2/0号針で編む　※指定のない数字の単位はcm

モチーフ 53枚

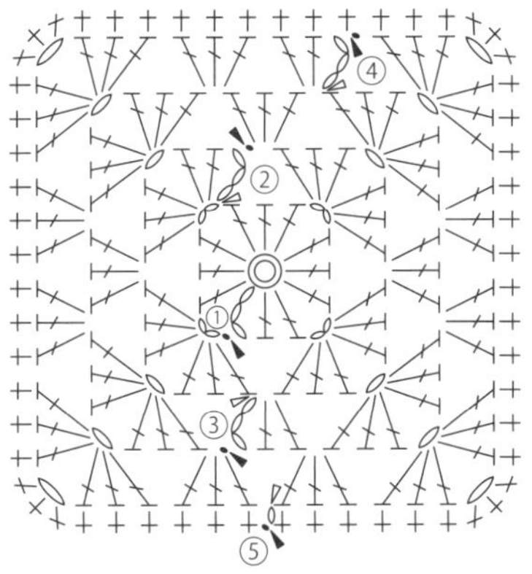

※ ①～④は配色表を参照し
⑤は濃いグレーで編む

※ すべて裏目側を表に使用する

►＝糸を切る　▷＝糸をつける

◎＝ビニールリング

モチーフの配色表

段	A 8枚	B 7枚	C 8枚	D 8枚	E 7枚	F 8枚	G 7枚
④	カーキ色	茶味グリーン	青	濃いパープル	濃いグリーン	オーシャンブルー	カリビアンブルー
③	若草色	薄カーキ	黄緑	緑	オペラピンク	緑	ダークグレー
②	ブルーグリーン	バイオレット	水色	ネイビーブルー	ミントグリーン	茶味レンガ	淡いパープル
①	イエロー	ペールグリーン	グレー	濃紺	濃いパープル	オペラピンク	濃紺

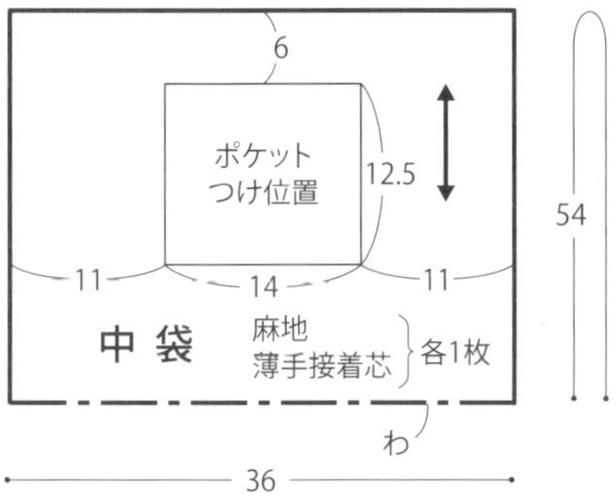

※縫い代1

中袋

1

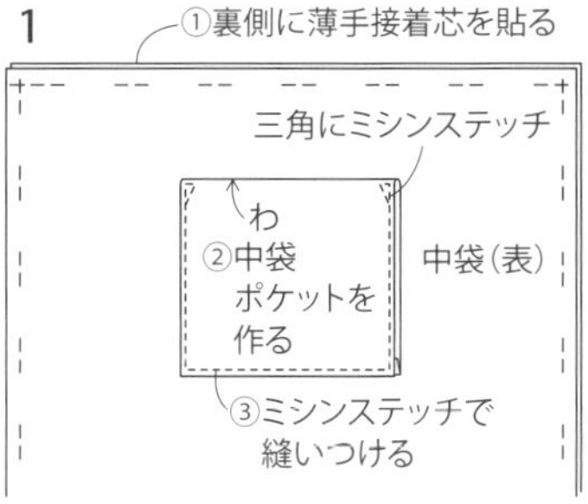

2

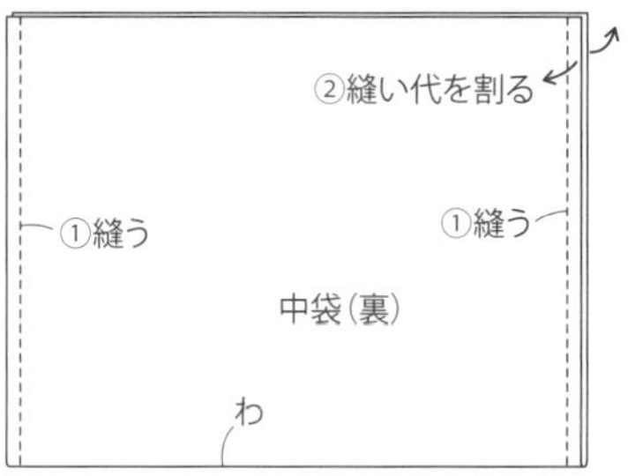

中表に合わせて、両脇を縫う

中袋ポケット

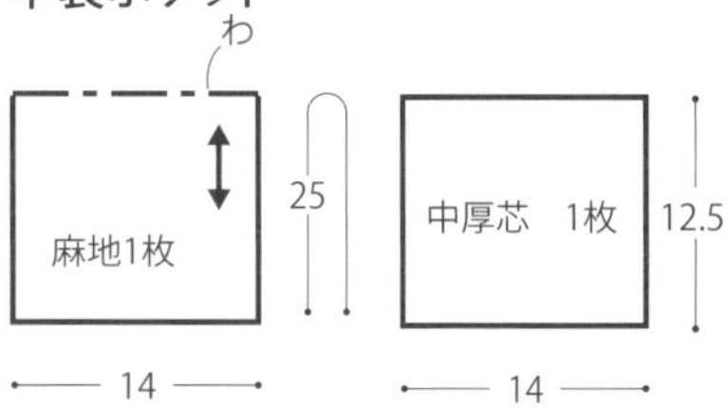

※縫い代1

※裁ち切り

※中袋ポケットの作り方は
52ページを参照
（中厚芯は1面に貼る）

※指定のない数字の単位はcm

3

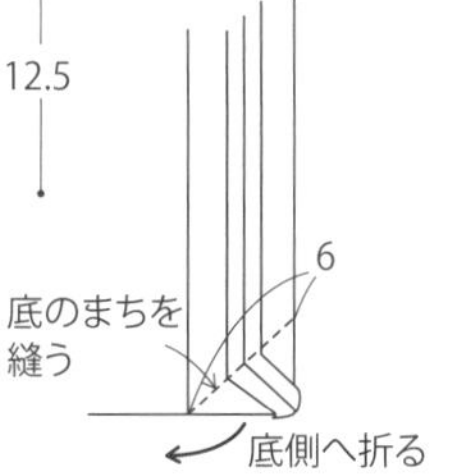

4

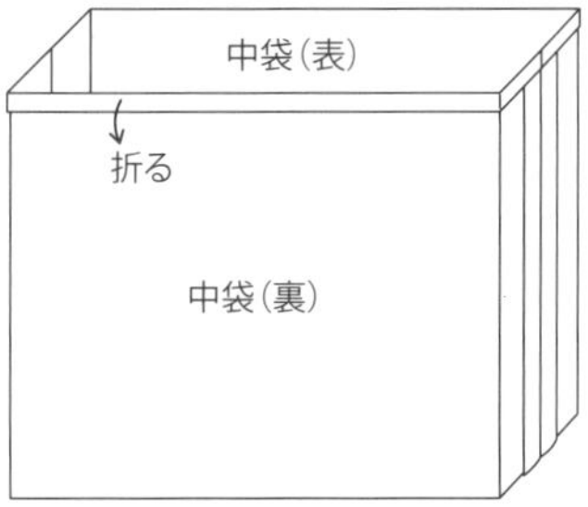

袋口をでき上がりに折る

5

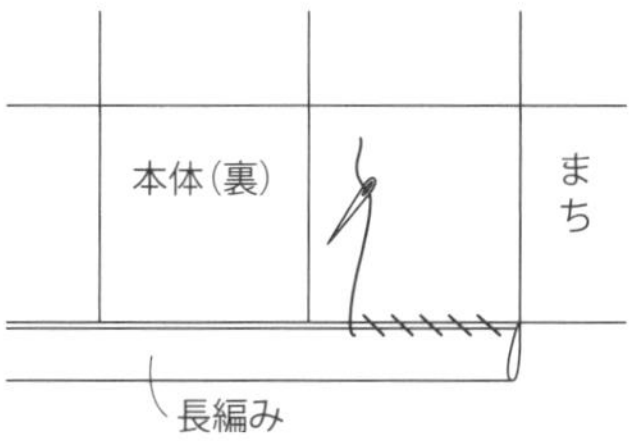

袋口の長編みを折って
モチーフのきわにまつりつける

6　中袋をモチーフの本体の
中に入れ、袋口を
ぎりぎりにまつりつける

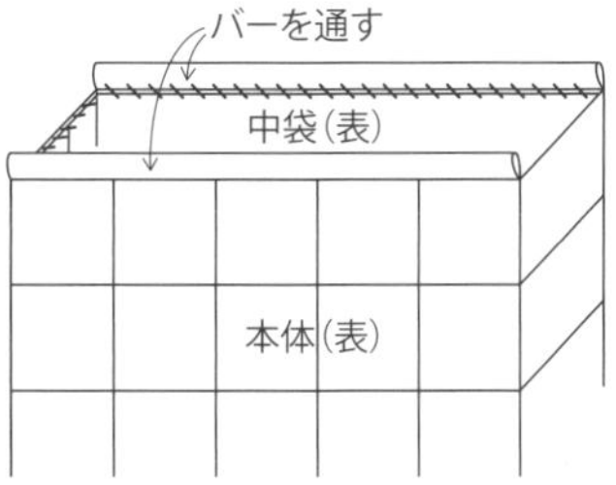

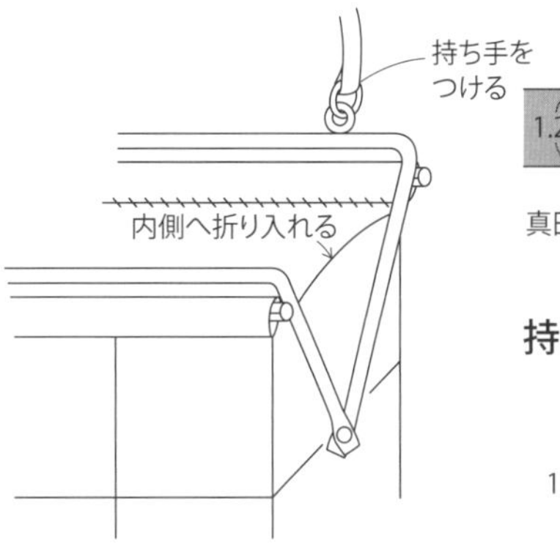

袋口のバーのボルトをしめて固定する

持ち手

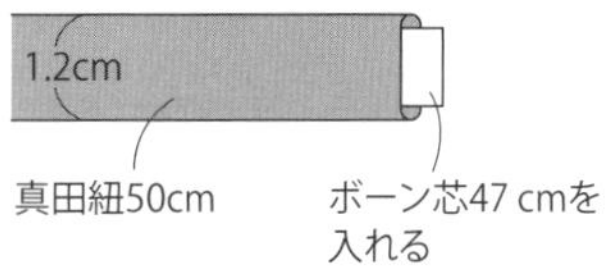

持ち手のつけ方

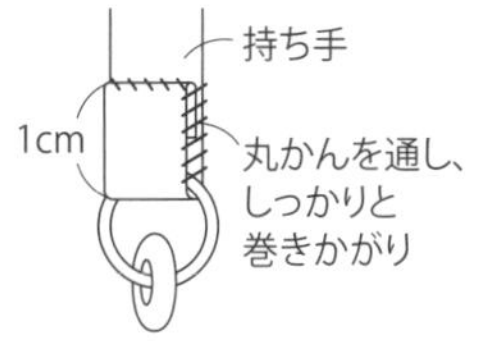

でき上がり図

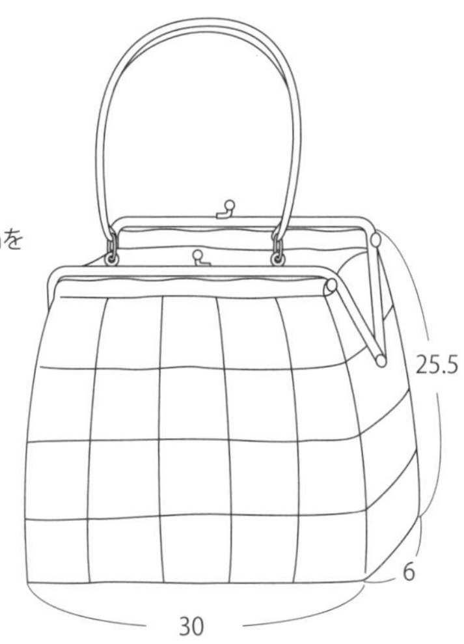

袋口の長編み

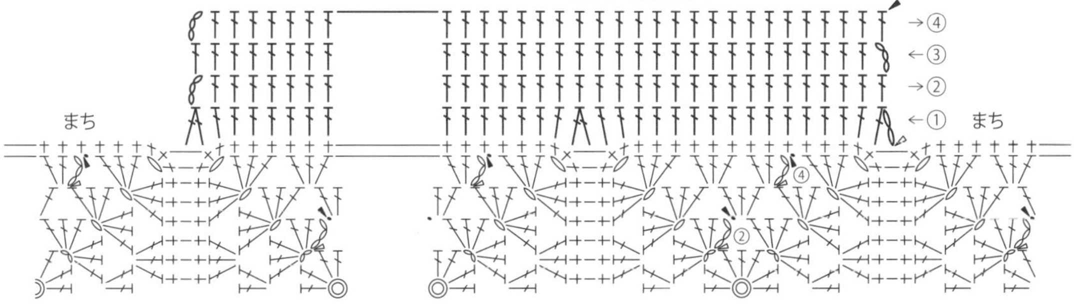

25

38ページの作品

組紐バッグ

◎用意するもの

糸…モンドフィル　H．T．F　モスグリーン（77）145 g　グレー（21）105 g　紺（B -30）100 g　灰味ブルー（45）90 g　中袋用布…綿グログラン　ベージュ、コットン地　チャコールグレー系プリント各 74 × 35 cm　22 × 15 cmの楕円形木製持ち手…こげ茶 1 組

針…かぎ針 3/0 号

◎でき上がりサイズ

幅約 35 cm　深さ約 28 cm（持ち手含まず）

◎作り方ポイント

各モチーフは1段めを各色5枚ずつ編んでおきます。鎖編みの作り目をして、鎖目の半目と裏山を拾って編み始めます。2段めでつなぎながら編みます。アとサは1、2段めを編み上げておき、上下を逆にして隣どうしに並べて交差させます。2列めのイとシの2段めは1列めのアとサに交互につなぎながら編みます。同時に編み進まないと、交差できなくなります。以降、10 列めまでつなぎます。両脇の細編みは左右ともつなぐ位置まで編んでおいてから、あき止まりまでつなぎます（①、②、③、④の順に編む）。モチーフから目を拾って袋口に持ち手通しを編みます。中袋はモチーフ側、内側とも仕立てて、モチーフ側が外になるように外表に重ねて、あき位置を内側の袋を少し控えてまつります。中袋を本体の中に入れて、本体のあき位置にまつり、本体のかどの 3 目を中袋のかどにまつります。袋口部分は本体に縫いつけ、持ち手をはさんで本体の持ち手通しを折り、中袋にまつりつけます。

モチーフのつなぎ方・持ち手通しの模様編み

►＝糸を切る　▷＝糸をつける

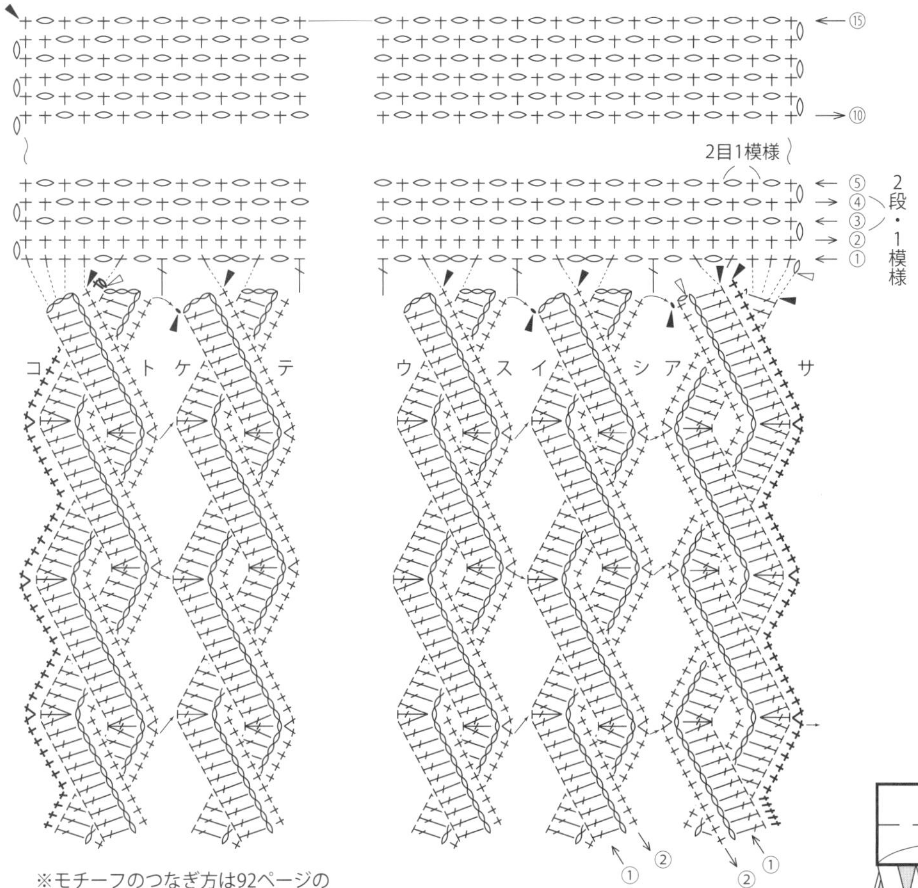

※モチーフのつなぎ方は92ページの
モチーフどうしのつなぎ方を参照する

※指定のない数字の単位はcm

モチーフの配色表

		①	②
B	ア	モスグリーン	グレー
A	イ	灰味ブルー	紺
	ウ	紺	グレー
	エ	灰味ブルー	紺
	オ	モスグリーン	グレー
	カ	紺	灰味ブルー
	キ	モスグリーン	紺
	ク	灰味ブルー	グレー
	ケ	モスグリーン	紺
	コ	灰味ブルー	紺
A	サ	紺	灰味ブルー
B	シ	グレー	モスグリーン
	ス	モスグリーン	グレー
	セ	グレー	モスグリーン
	ソ	グレー	紺
	タ	灰味ブルー	グレー
	チ	グレー	灰味ブルー
	ツ	紺	モスグリーン
	テ	グレー	灰味ブルー
	ト	紺	グレー

※ ①の必要な数を先に編んでおき、
②はつなぎながら編む

※ ア・サはモチーフを上下逆にする

持ち手通し（模様編み）　3/0号針

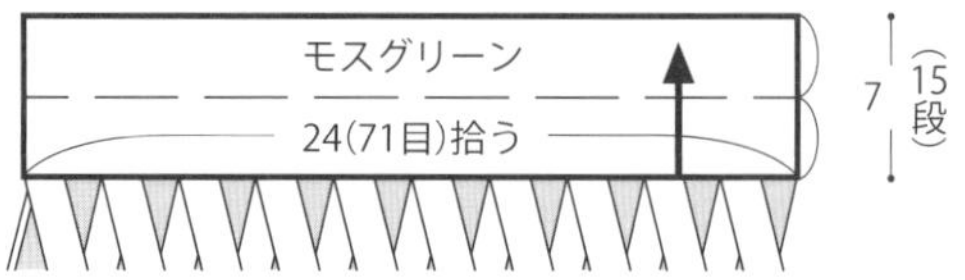

本体（モチーフA・B）3/0号針

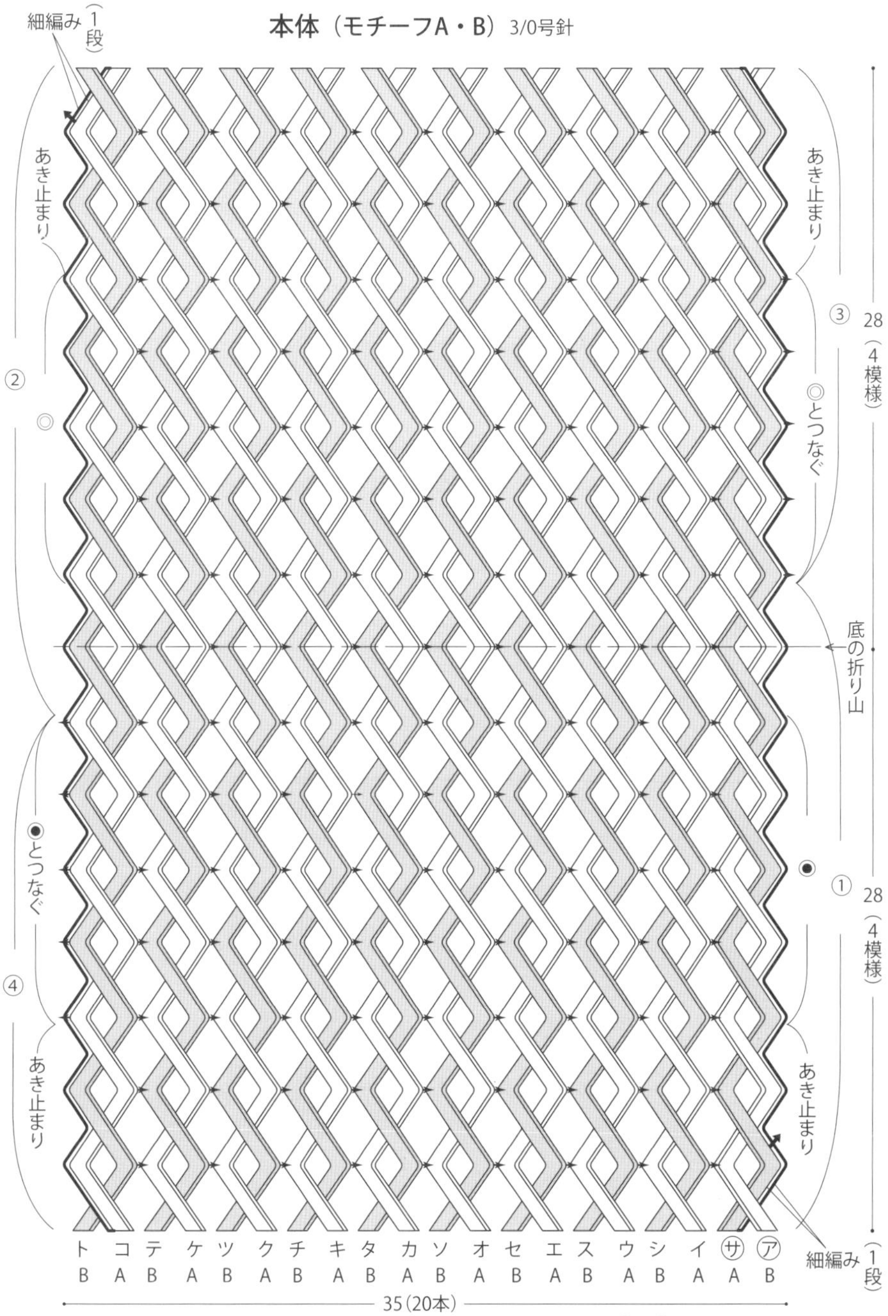

※㋚、㋐は上下逆にする

モチーフA　モチーフB

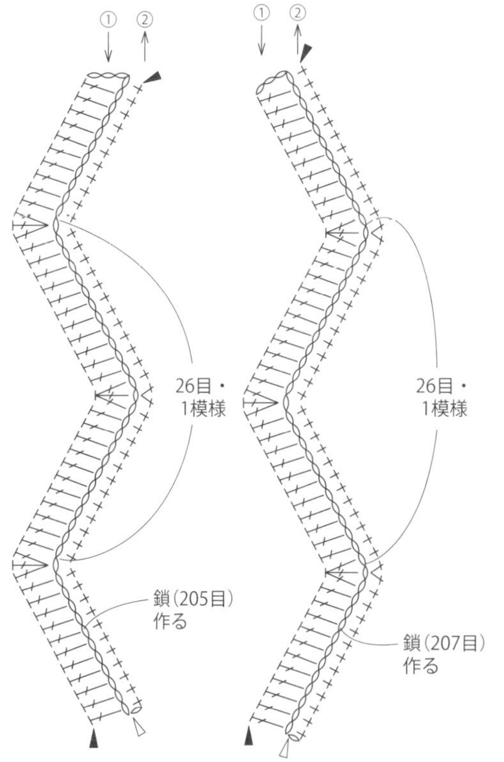

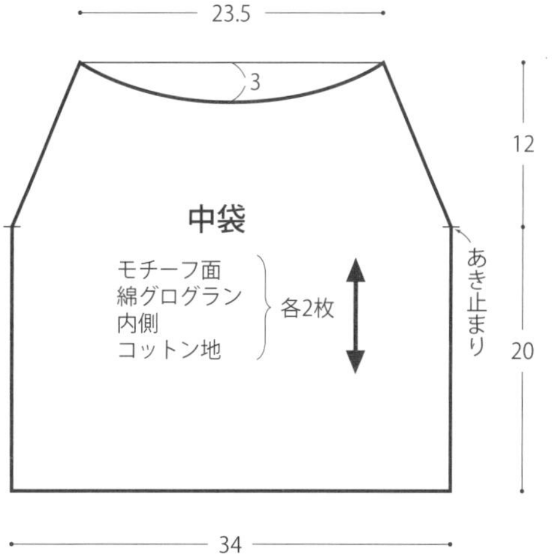

※ 縫い代1.5　※指定のない数字の単位はcm

※でき上がり図は90ページに掲載

1

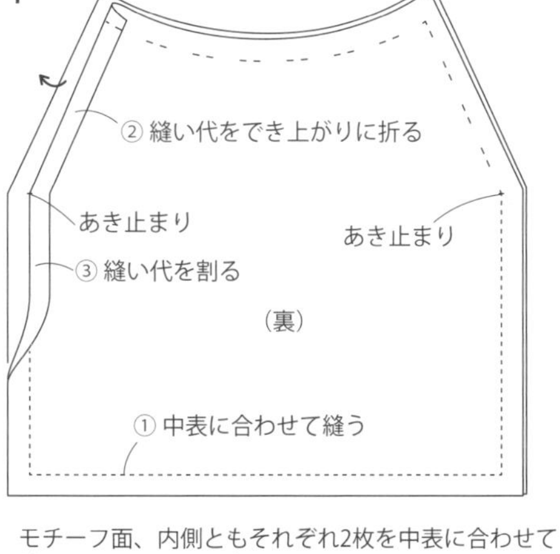

モチーフ面、内側ともそれぞれ2枚を中表に合わせて縫い、モチーフ面は表に返しておく

2

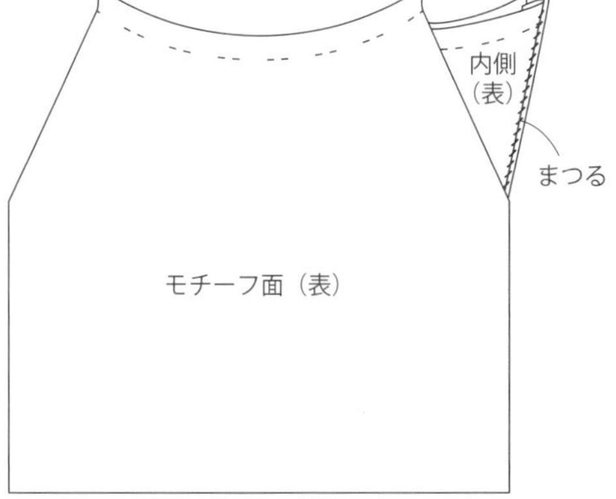

モチーフ面に内側を外表に入れ、あき止まりまでまつる

3

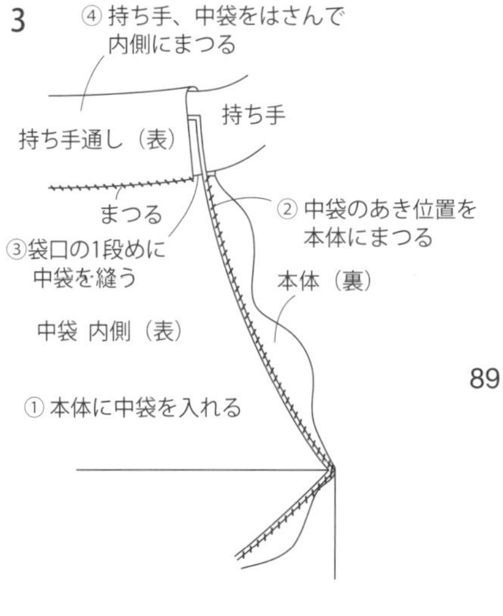

27

42 ページの作品

ビーズ編みの巾着

◎用意するもの

糸…DARUMA 鴨川＃18　薄いベージュ（102）70g　ビーズ…MIYUKI　丸大ビーズ（8/0）　薄グリーンに茶色のミックス（＃4514）5643 個　直径8mmのビニールリング…209 個　底用布…シルクシャンタン　青味グリーン 12 × 24 cm　接着芯…中厚シャープ芯 10 × 10 cm　4mm幅の革テープ…白 120 cm　針…レース針2号

◎でき上がりサイズ

底の直径 15 cm　深さ約 13.5 cm

◎作り方ポイント

モチーフのビーズは列ごとに糸に必要数を通します。編み始めはビニールリングに編みつけます。底中央（1）は全体を編み、糸を切ります。2列めは底中央に内側の半分をつなぎながら編み、外側を編んで始めに戻ります。3列め以降も同様に編みます。底の5列、側面の5列を編み終わったら編み方向を変えて、テープ通し位置の模様編みを編みます。底布を作り、本体底と中心を合わせてまつりつけます。革テープを通し位置に通し、先端を結びます。革テープの先端をモチーフ2枚ではさみ、周囲を巻きかがりにします。

本体　（モチーフつなぎ）

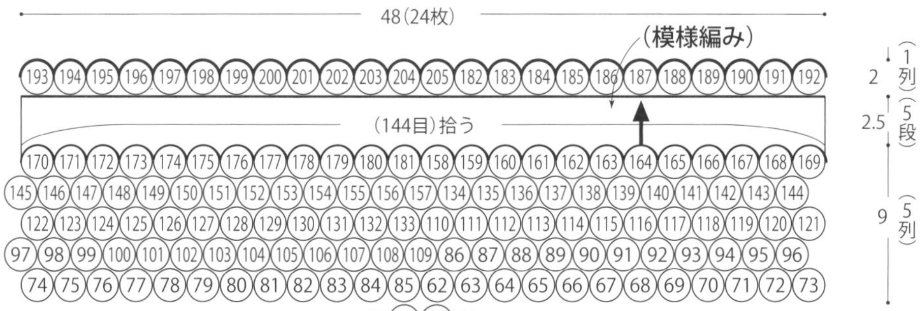

※ すべてレース針2号で編む

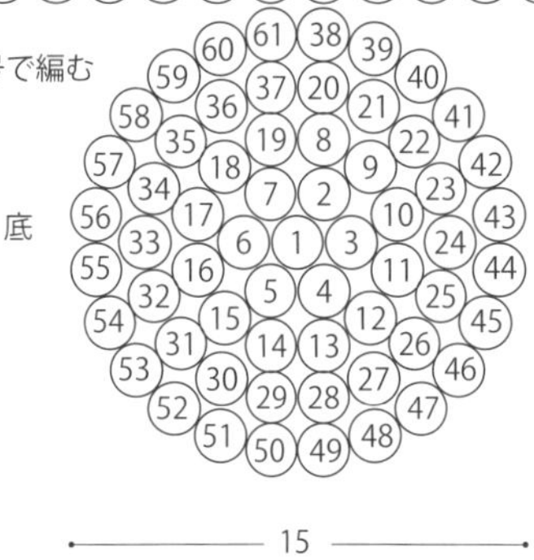

※指定のない数字の単位はcm

革テープのモチーフ

4枚

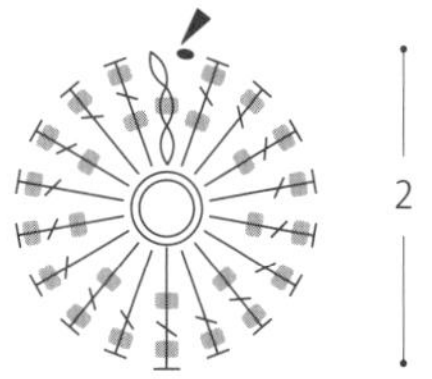

■ ＝ビーズ編み入れ位置

※ ビーズは27個を通しておく

※ モチーフは裏目側を表に使用

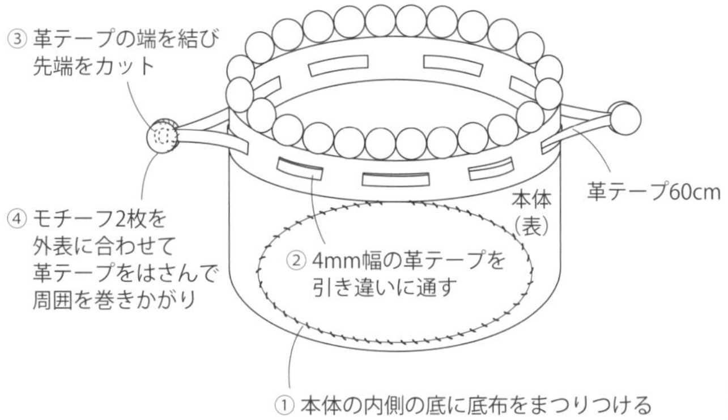

25

でき上がり図

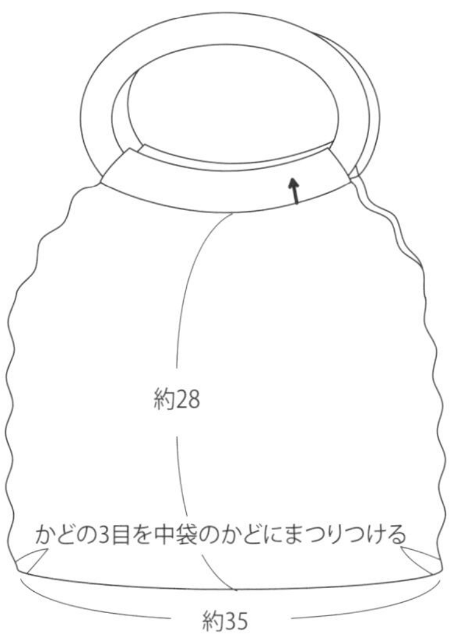

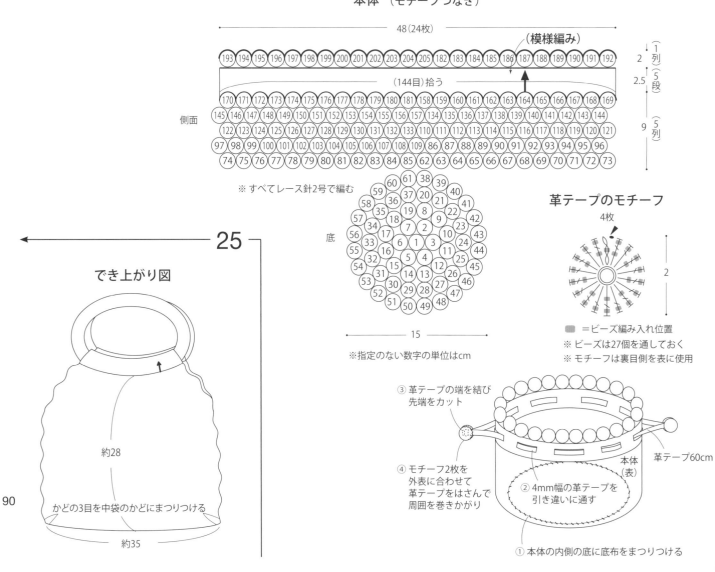

底布

シルクシャンタン　2枚
中厚シャープ芯　1枚

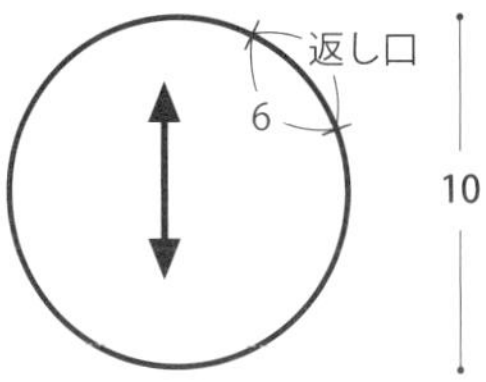

※シルクシャンタンは縫い代1
中厚シャープ芯は裁ち切り

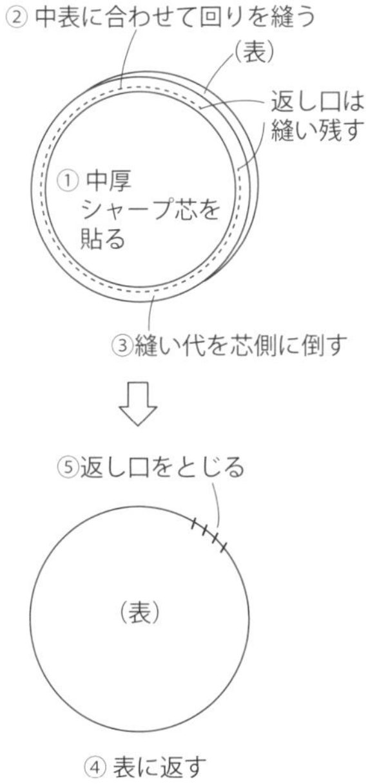

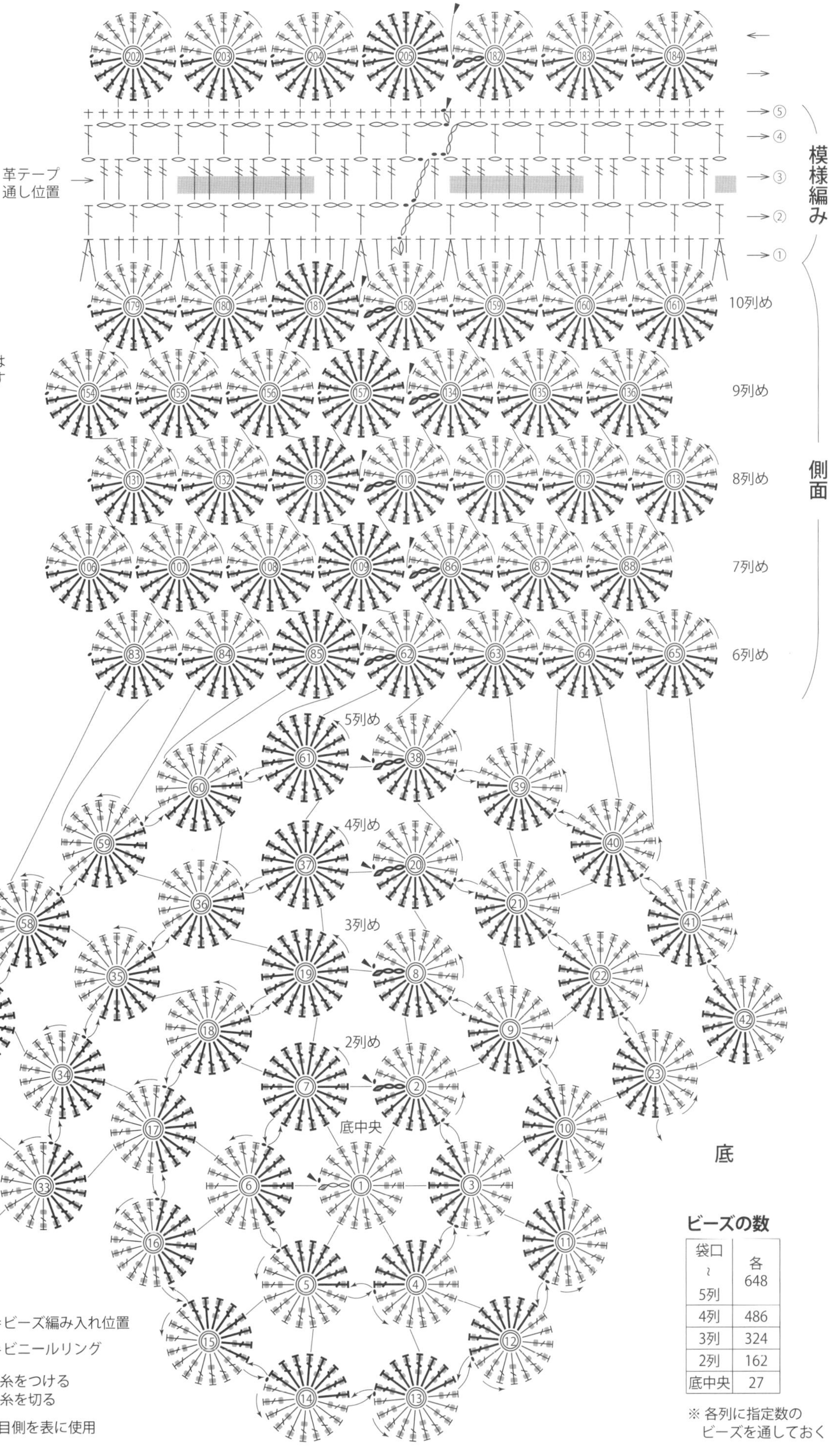

▒ ＝ビーズ編み入れ位置
◎ ＝ビニールリング
▷ ＝糸をつける
► ＝糸を切る
※ 裏目側を表に使用

ビーズの数

袋口 ～ 5列	各 648
4列	486
3列	324
2列	162
底中央	27

※ 各列に指定数の
ビーズを通しておく

半円のモチーフつなぎ ※ビーズは省略してあります。

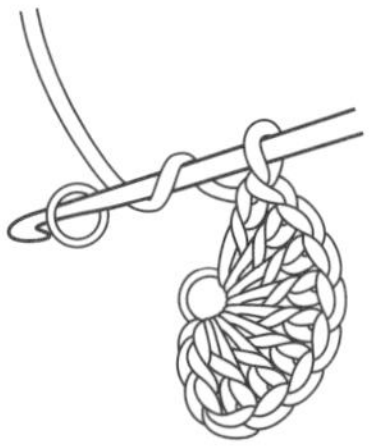

1 ビニールリングに半円分の指定の目数の長編みを編み入れ、針に糸をかけてから次のリングに針を入れます。

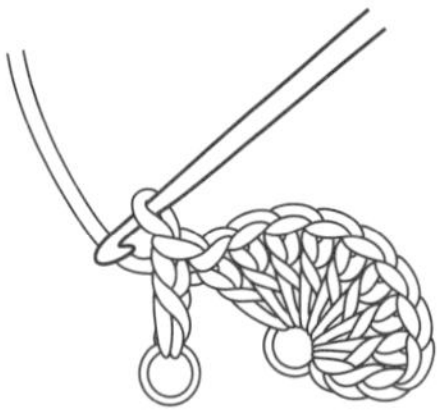

2 リングから糸を引き出して、長編みを編みます。

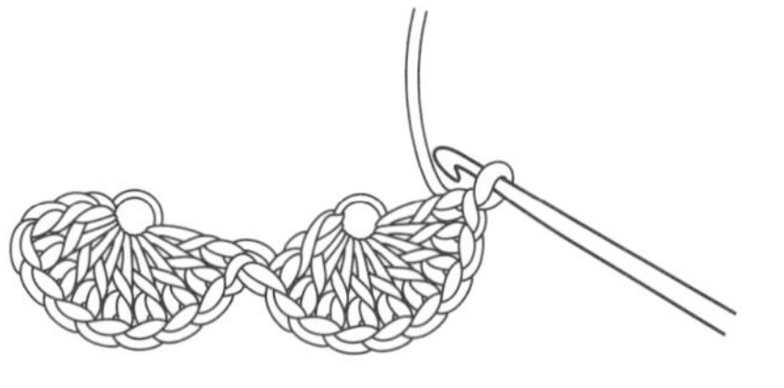

3 同様に続けて半円を編んでいきますが、つなぐ位置で下図を参照してつなぎます。

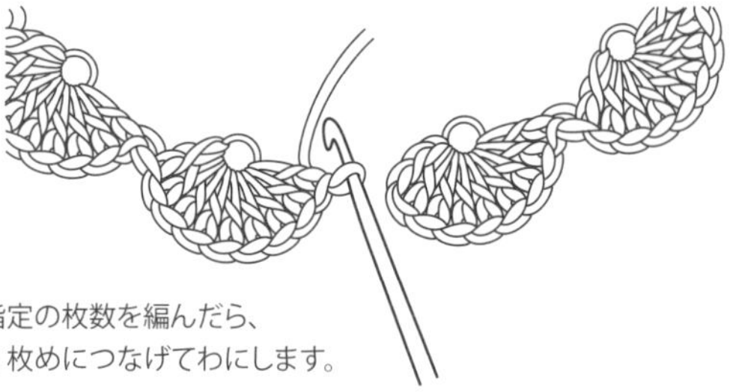

4 指定の枚数を編んだら、1枚めにつなげてわにします。

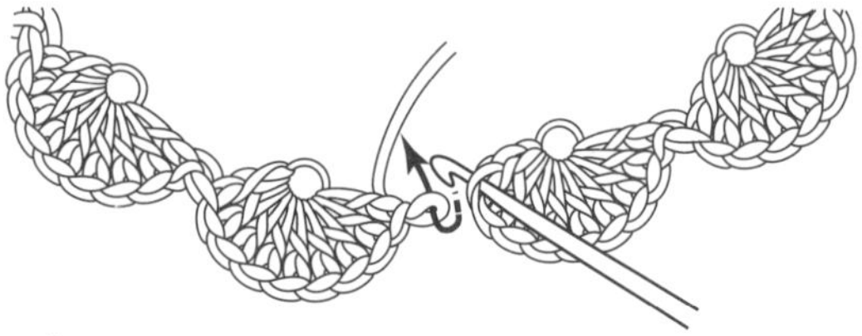

5 針を一旦はずし、編み始めの立ち上がりの鎖3目めに針を入れて、元の目に戻します。

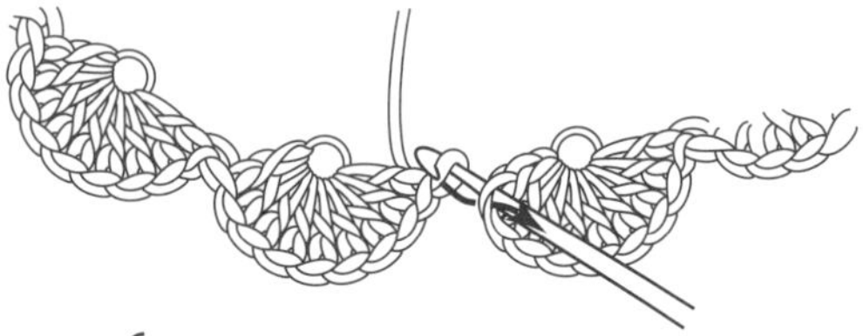

6 目を引き出します。

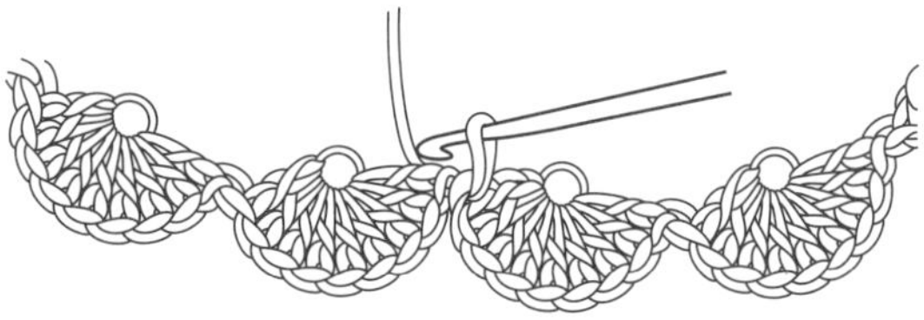

7 最後に編んだ半円を続けて、指定の目数の長編みを編みます。

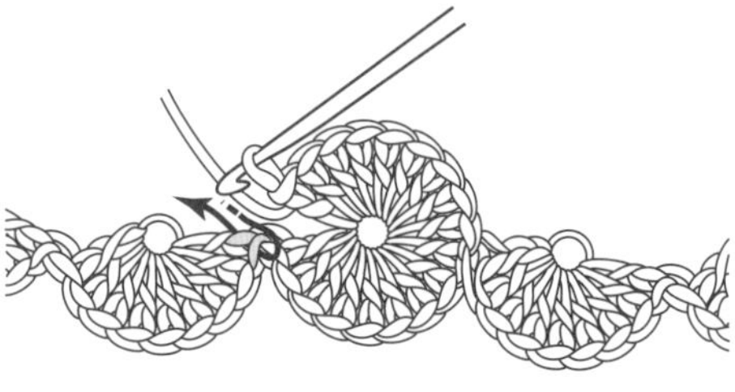

8 左隣の目の2本に針を入れます。

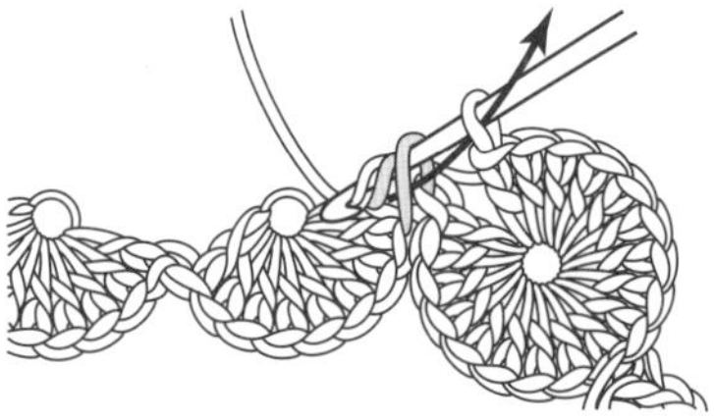

9 針に糸をかけて引き抜きます。

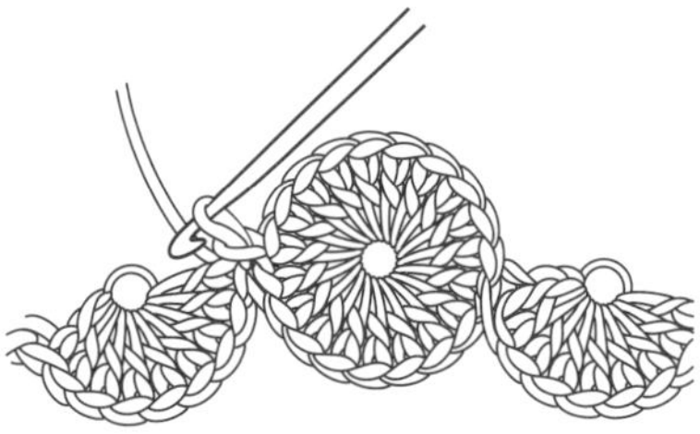

10 以下同様に、半円ずつ編んで、円を一つずつ完成させて編み戻ります。

モチーフどうしのつなぎ方

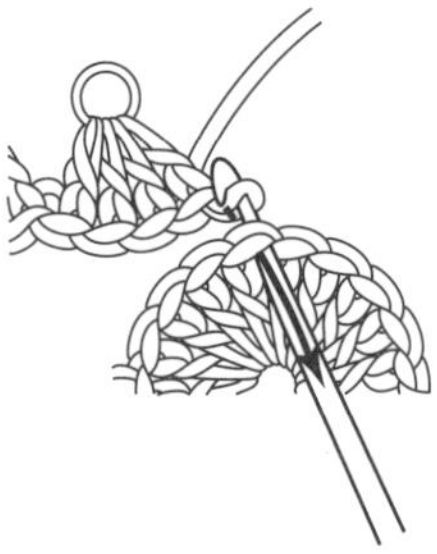

1 針を一旦はずし、相手のモチーフに上から針を入れて元の目に戻し、目を引き出します。

2 針に糸をかけて、ビニールリングに針を入れて

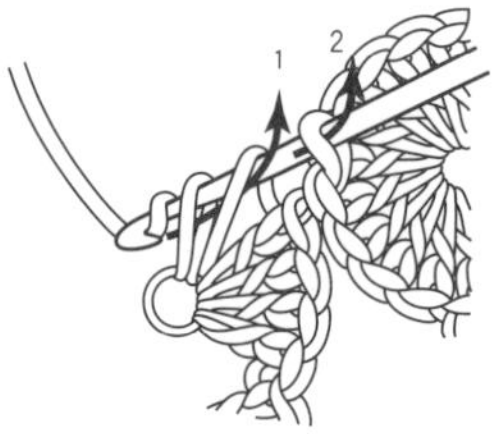

3 長編みを編みます。

30

31

46 ページの作品

花型スパングルのがま口

◎用意するもの

糸…ラミノ　ラミー ロー引染糸 20/3　**30**　黒（15）、**31**　生なり（1）各 30 g　スパングル…ラティーフ　**30**　デイジー 7mm　ホワイト（SPF-WH-830）　**31**　六つ花中 8mm　ブラック（SPF-BK-711）各 720 枚　約 12.5×5cmの玉つき口金…MOTIF 銀　**30**　薄グリーンの玉、**31**　シルバーパールの玉 各1個　ファイヤーライン…6LB適宜

針…レース針2号

◎でき上がりサイズ

幅約 20 cm　深さ約 11 cm（口金含まず）

◎作り方ポイント

スパングルは糸に必要数を通しておきます。本体は底から2回巻きのわの作り目をして編み始め、2段めからスパングルを編み入れます。10 段めまで増し目をして編み、11 ～ 19 段は増減なく編みます。縫い代の細編みのすじ編み2段を編みます。本体の両脇に 14 目ずつ残して、ファイヤーラインで平均に目をとばして口金に半返し縫いでつけます（口金のつけ方は 96 ページ参照）。

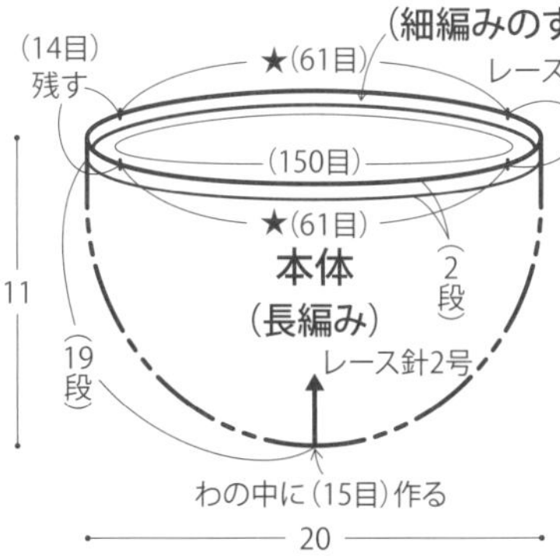

※指定のない数字の単位はcm

※★の部分を口金につける

※ 裏目側を表に使用

※スパングルは720枚を通しておく

まとめ

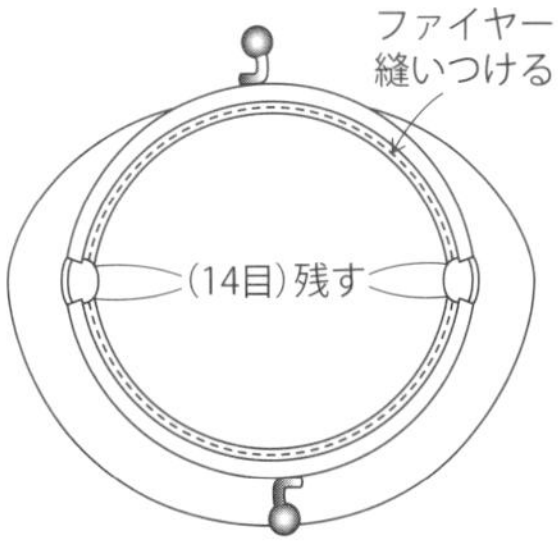

本体の増し目

19段〜11段		150目
10段	＋15目	150目
9段	＋15目	135目
8段	＋15目	120目
7段	＋15目	105目
6段	＋15目	90目
5段	＋15目	75目
4段	＋15目	60目
3段	＋15目	45目
2段	＋15目	30目
1段		15目

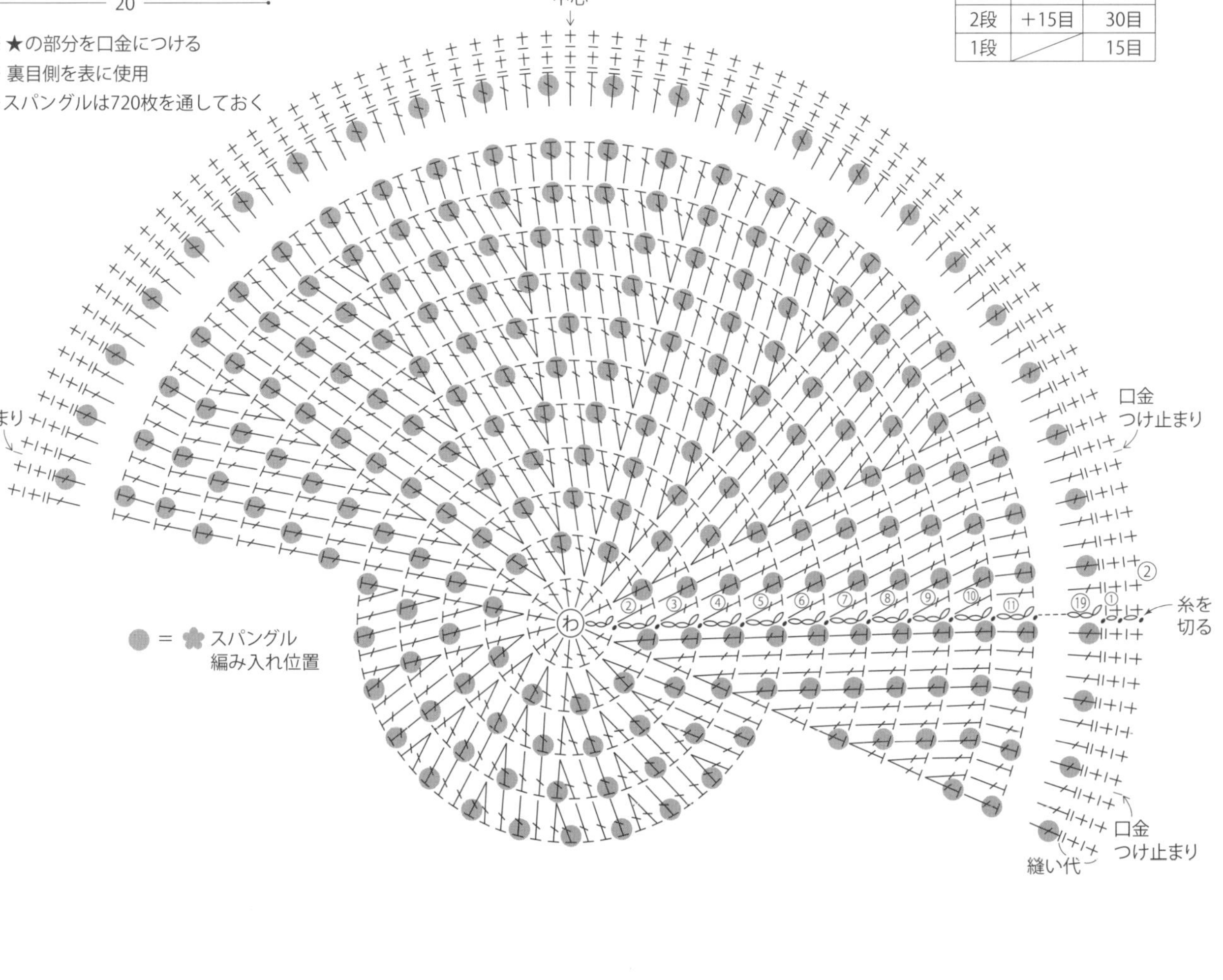

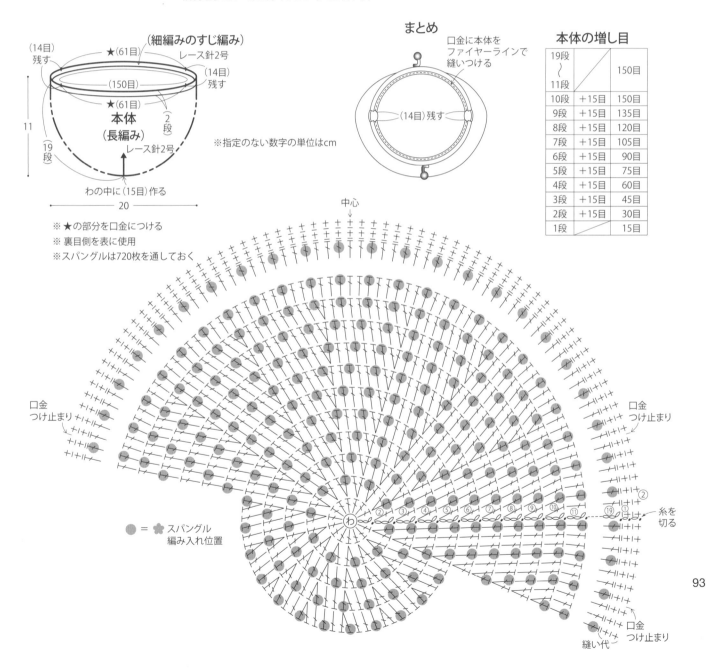

26

40 ページの作品

ヘアリーなボールバッグ

◎用意するもの

糸…アヴリル　ウラン　アイスグレー（02）、ロイヤルブルー（94）各 155 g　ナチュラルカバー　イエロー（2）40 g　綿麻コード　コン（15）35 g　ホワイトレーン 16/9　45 g　直径 10 mmのビニールリング…57個　中袋用布…綿グログラン　紺 91 × 48 cm　3.6 cm幅の革テープ…白 108 cm

針…かぎ針 6/0 号

◎でき上がりサイズ

袋口回り 54 cm　深さ約 28 cm（持ち手含まず）

◎作り方ポイント

各モチーフはビニールリングに編みつけて編み始め、モチーフAは毎段糸を切って、糸をつけて編みます。最終段でつなぎながら必要枚数を編みます。モチーフAを編み終わったら、空間をモチーフBで埋めます。袋口は鎖編みの作り目をして、鎖目の半目と裏山を拾って編み始めます。編み終わりと編み始めを巻きかがりではぎ合わせ、わにします。中袋はでき上がりに折り、本体の裏側にまつりつけます。本体の周囲を縁編みで整え、袋口と中表に合わせて引き抜き編みではぎ合わせます。持ち手を作り、表にひびかないように持ち手を袋口に縫い止めます。袋口裏布も中袋に合わせて縫い合わせ、わにします。裏側に袋口裏布をまつりつけます。

本体
（モチーフつなぎ）6/0号針

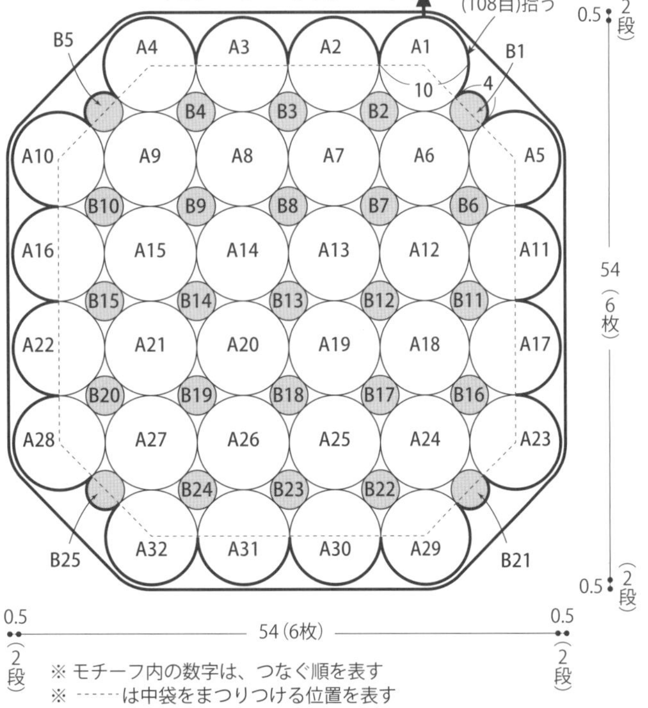

※ モチーフ内の数字は、つなぐ順を表す
※ ------は中袋をまつりつける位置を表す
※ 本体縁編みは中袋をまつりつけてから編む

※指定のない数字の単位はcm

袋口
（細編みのうね編み）
ホワイトレーン　6/0号針

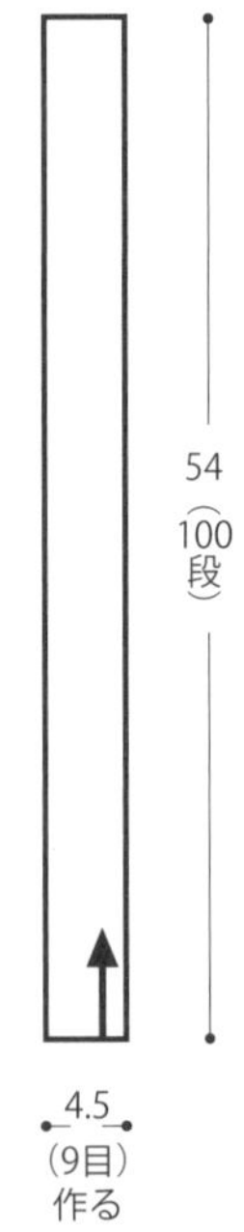

細編みのうね編み

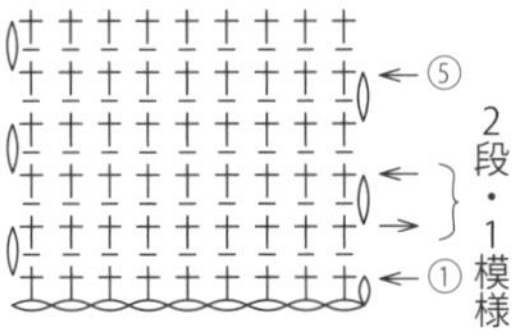

モチーフA 32枚　6/0号針

2段め…アイスグレー、ロイヤルブルー
各1本の2本どり
※編み方向を変える

1段め…ナチュラルカバー　6/0号針

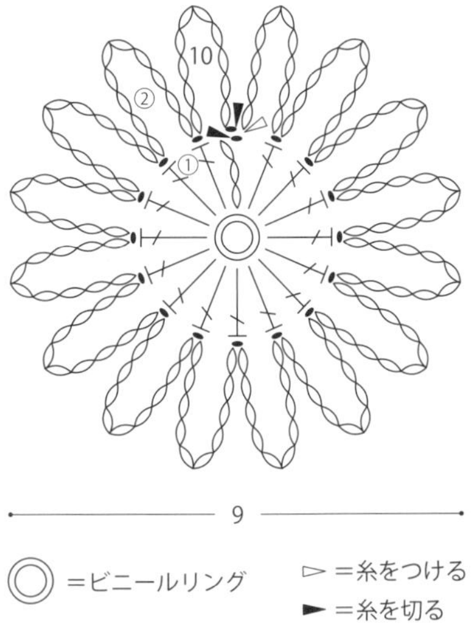

モチーフB 25枚
紺　6/0号針

モチーフのつなぎ方

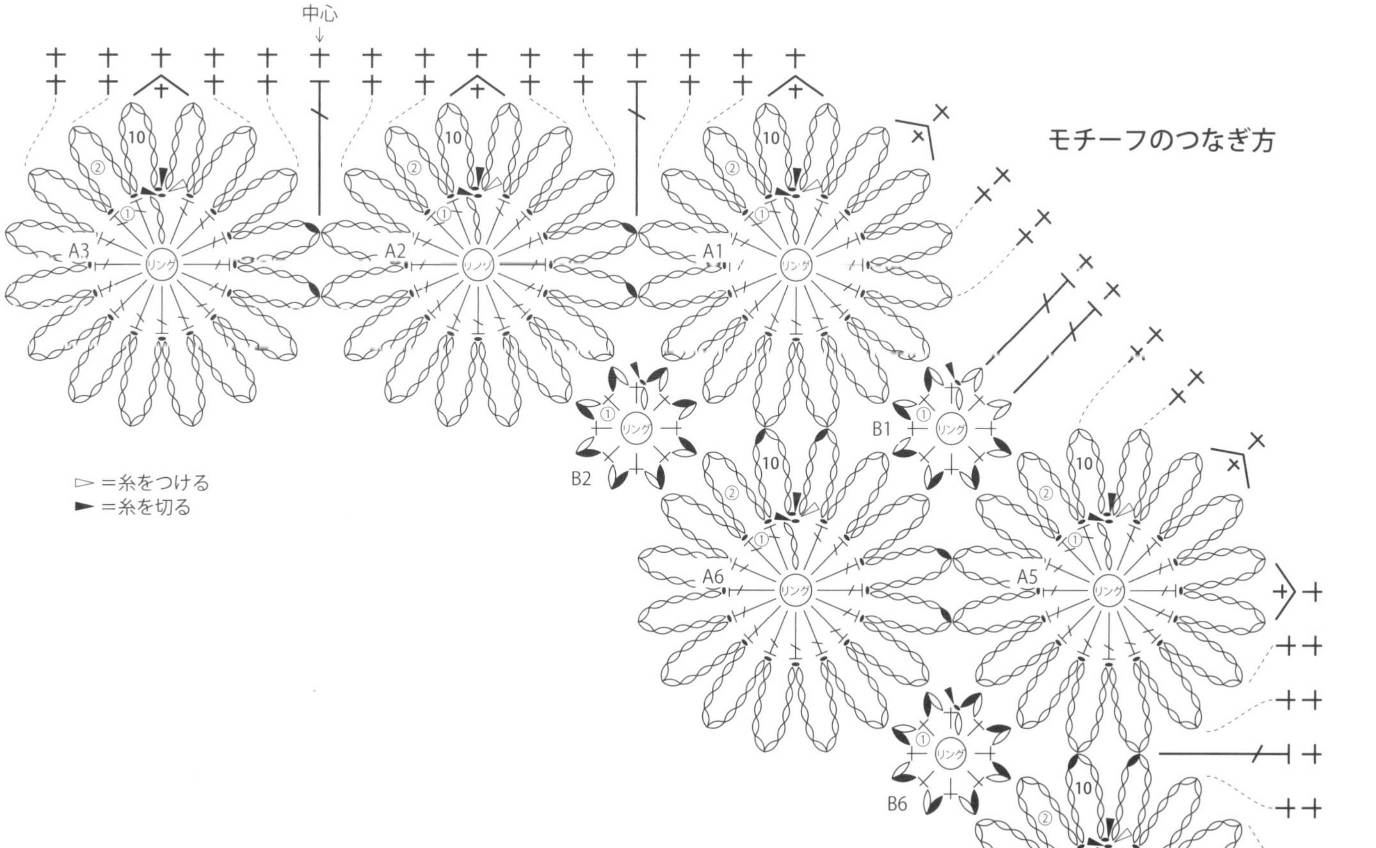

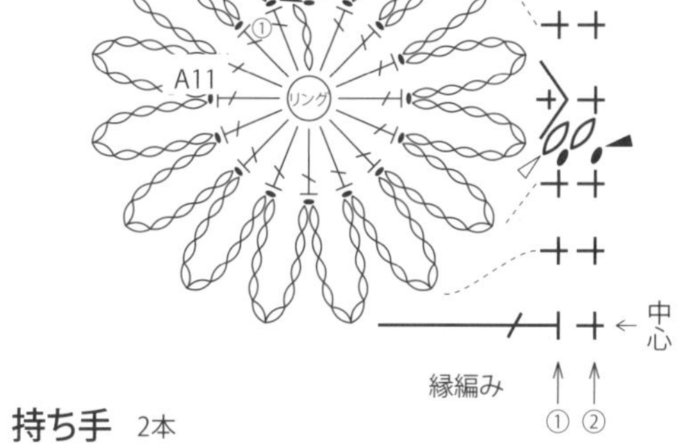

▻ =糸をつける
► =糸を切る

中袋の仕立て方

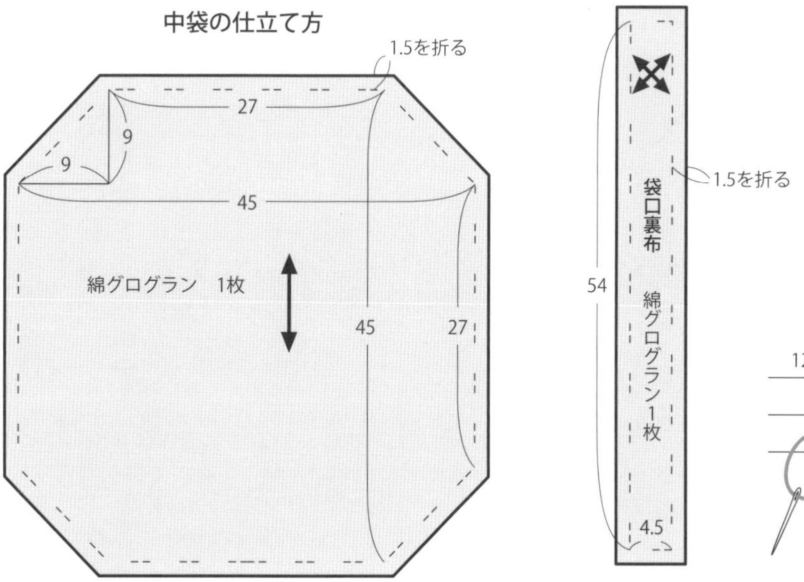

※指定のない数字の単位はcm

持ち手　2本

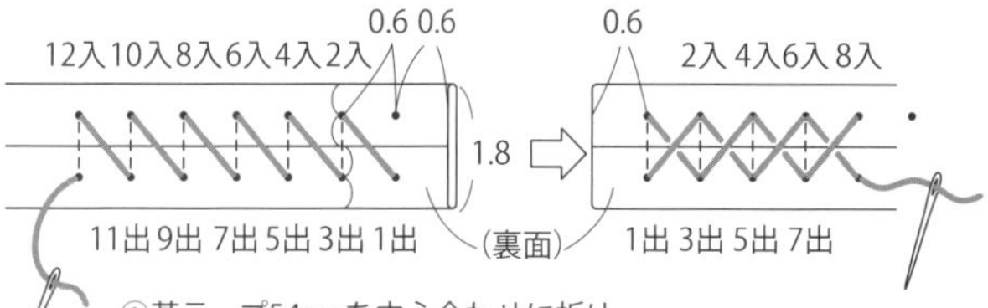

①革テープ54cmを中心合わせに折り、接着剤で貼る
②6mm間隔で穴をあける
③クロスst.(ホワイトレーン)で押さえる

まとめ方

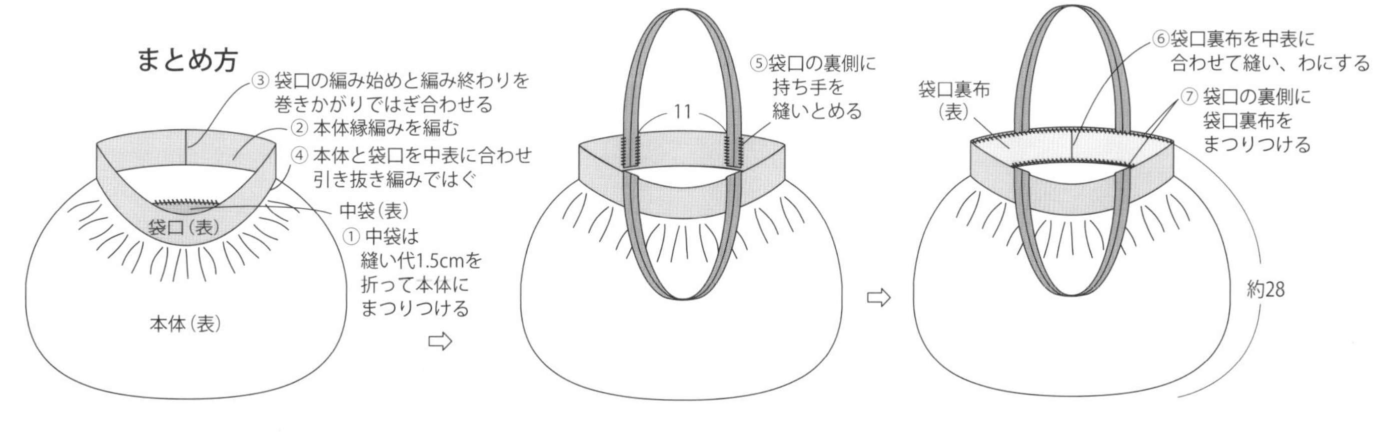

32

47 ページの作品

花模様のビーズのがま口

◎用意するもの

糸…DMCコットンパール8番糸　赤（347）7g　グレイッシュベージュ（842）6g　ビーズ…MIYUKI　デリカビーズ丸（11/0）つや消し銀（DB -321）2240個　赤（DB -791）880 個　黄緑（DB -1786）96 個　約 9.5 ×3cmの口金…ソウヒロ　シルバー（JTM - B 87 S）1個　ファイヤーライン…6LB適宜

針…レース針4号

◎でき上がりサイズ

幅約 14 cm　深さ約 10 cm（口金含まず）

◎作り方ポイント

ビーズは糸に必要数を通しておきます。糸がグレイッシュベージュの部分は黄緑、赤の順に通します。本体は底から2回巻きのわの作り目をして編み始め、2段めからビーズを編み入れます。細編みは前段の向こう側半目をすくうすじ編みで、立ち上がりの鎖は編まないでぐるぐる編み進みます。20 段めまで増し目をして編み、21 ～ 47 段は増減なく編みます。本体は両脇に 12 目ずつ残して、口金にファイヤーラインで平均に目をとばして半返し縫いでつけます。

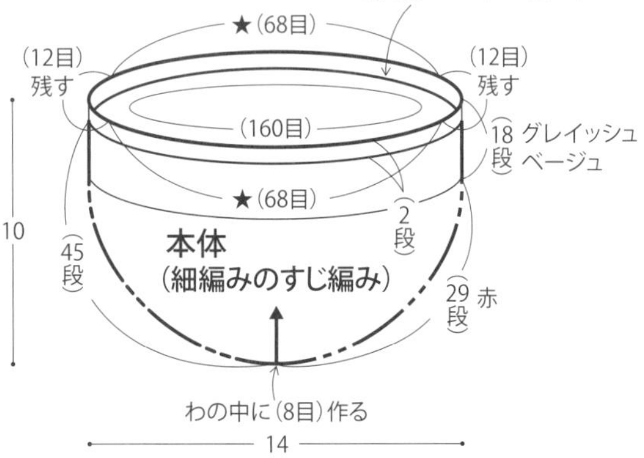

※すべてレース針4号で編む

※裏目側を表に使用

※★の部分を口金につける

まとめ

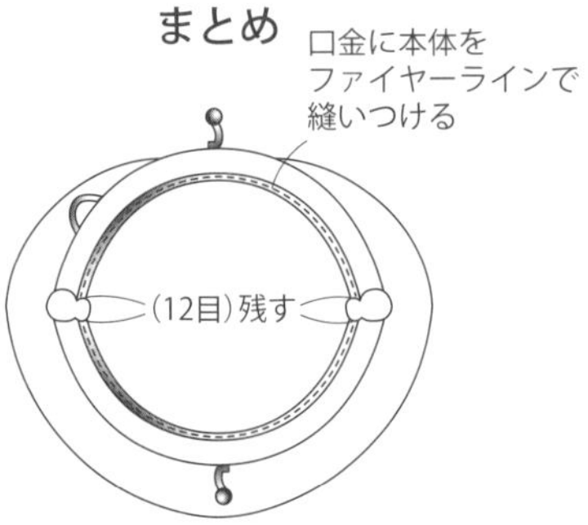

本体の増し目とビーズの色と数

段	増し目	目数	ビーズ	糸
46・47		160目		グレイッシュベージュの糸
45段			黄緑 96	
～				
43段				
42段			赤 880	
～				
31段				
30段				
29段			銀色 720	赤の糸
～				
21段				
20段	＋8目	160目	銀色 1160	
19段	＋8目	152目		
18段	＋8目	144目		
17段	＋8目	136目		
16段	＋8目	128目		
15段	＋8目	120目		
14段	＋8目	112目		
13段	＋8目	104目		
12段	＋8目	96目		
11段	＋8目	88目		
10段	＋8目	80目	銀色 360	
9段	＋8目	72目		
8段	＋8目	64目		
7段	＋8目	56目		
6段	＋8目	48目		
5段	＋8目	40目		
4段	＋8目	32目		
3段	＋8目	24目		
2段	＋8目	16目		
1段		8目		

口金のつけ方

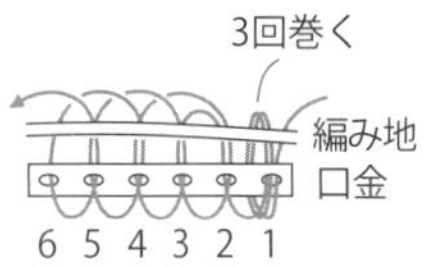

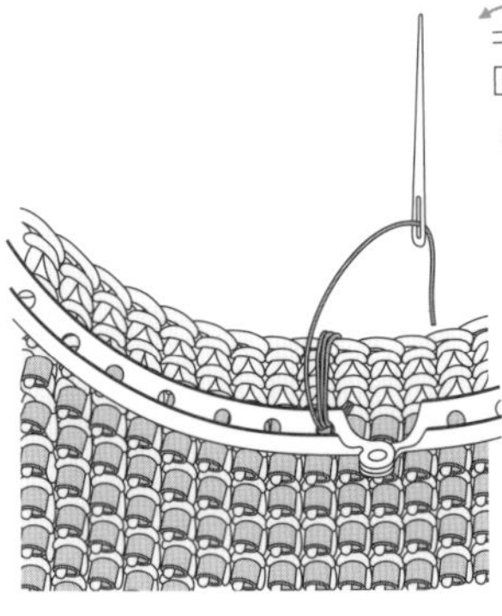

1 縫い糸はファイヤーラインがおすすめです。本体と口金の中心を合わせ、縫い始めと終わりは 2 ～ 3 回同じところを縫います。

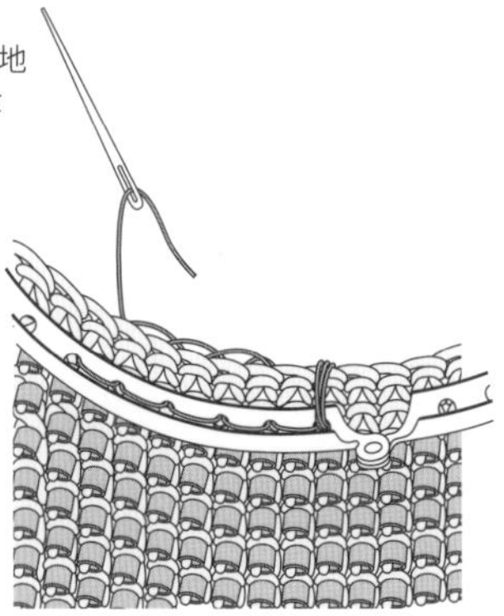

2 半返し縫いの要領で本体の目を平均にとばしながら、指定の位置を縫っていきます。

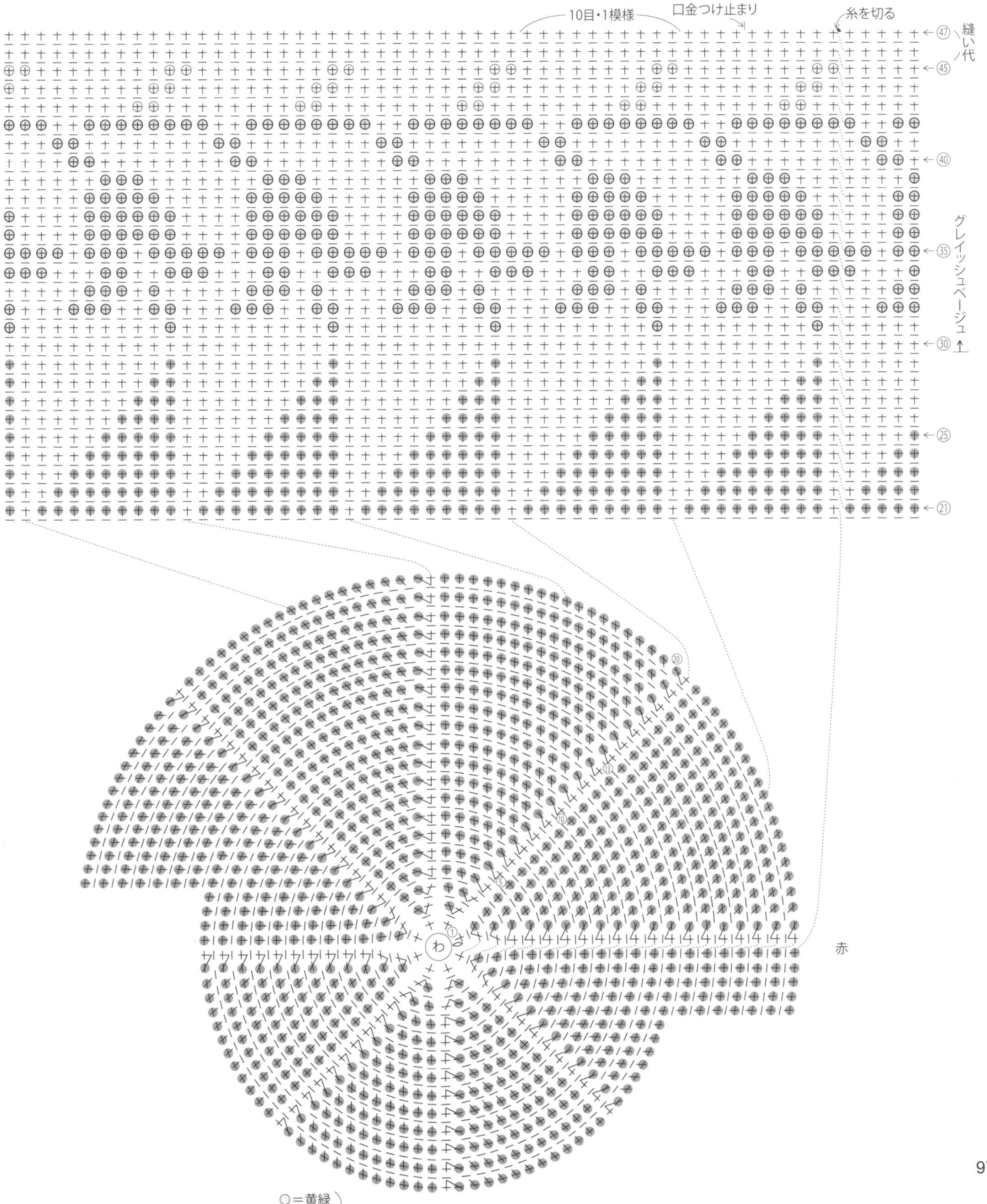

○＝黄緑
⊕＝赤　＝ビーズの編み入れ位置　※裏目側を表に使用
●＝銀色

Technical Guide

刺しゅう

ストレートステッチ

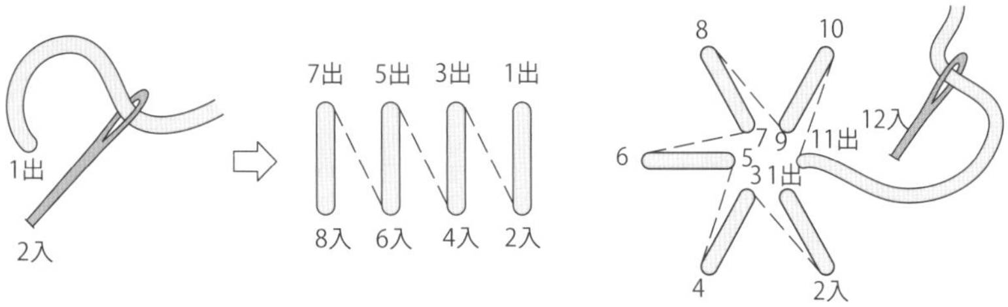

アウトラインステッチ

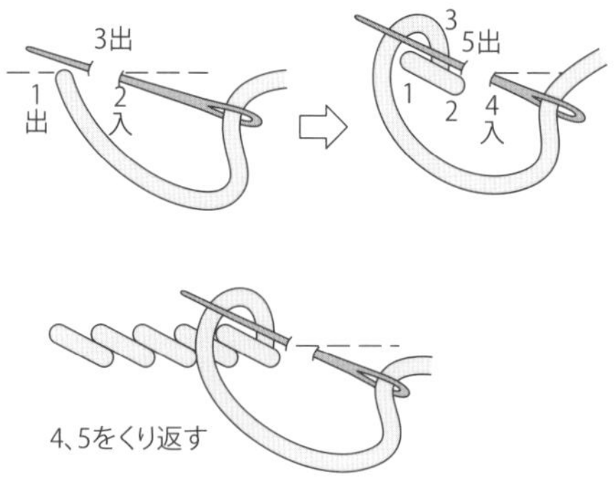

チェーンステッチ

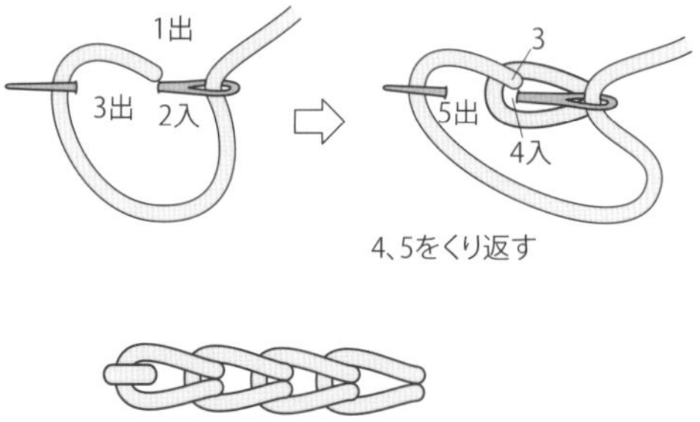

サテンステッチ

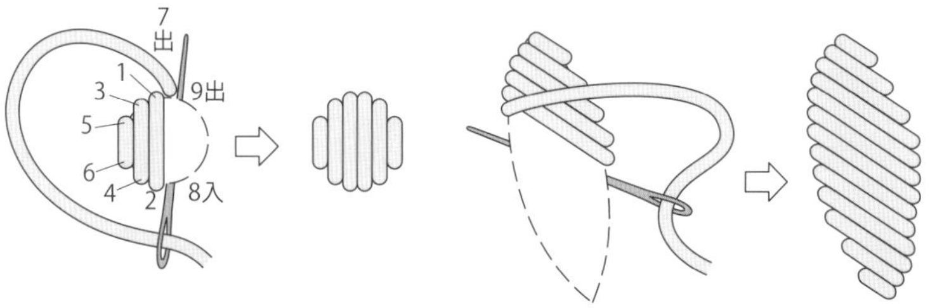

レイジーデイジーステッチ

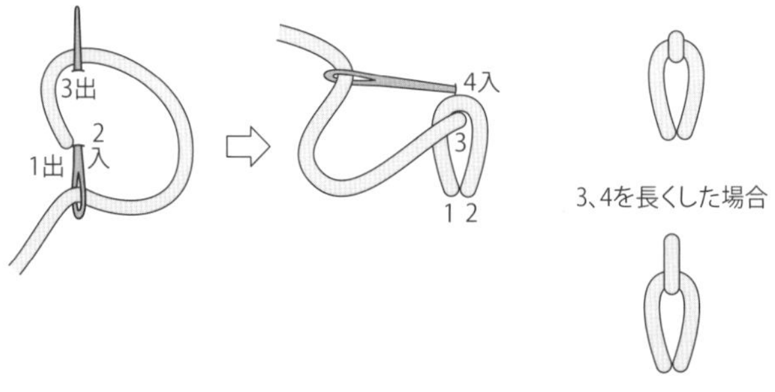

ロング＆ショートステッチ

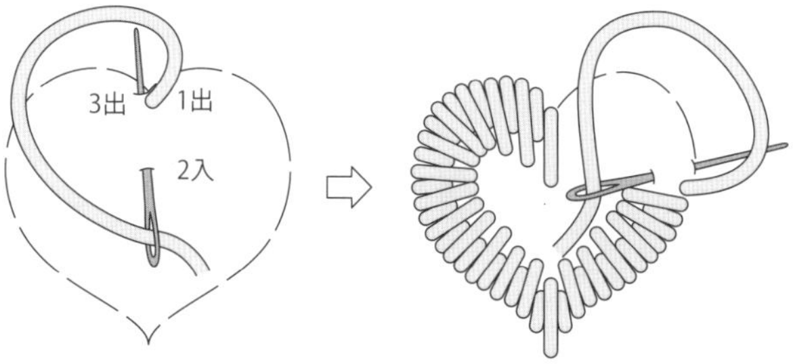

フライステッチ

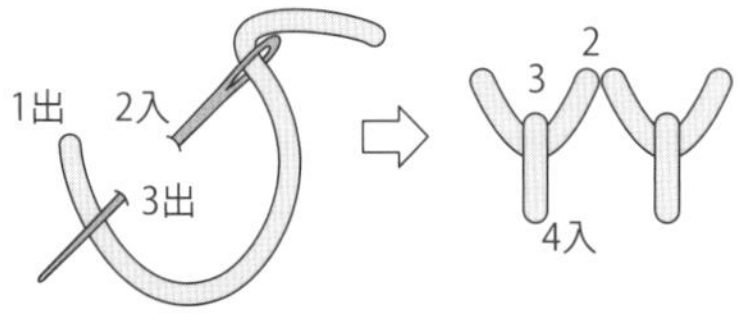

フレンチノットステッチ

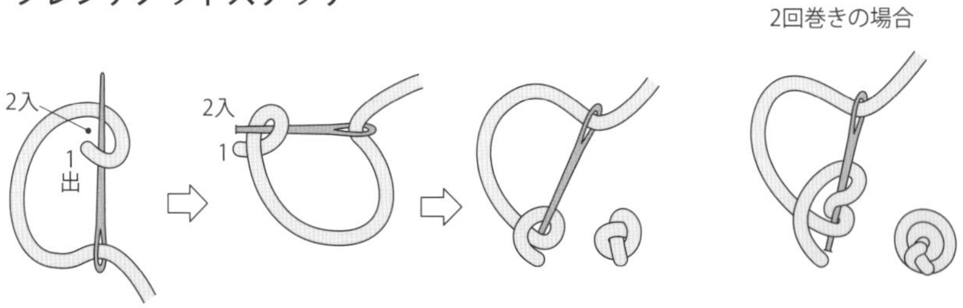

ロングフレンチノットステッチは1に出して、2に入れる位置を離す

リボン刺しゅう

リボンの針への通し方

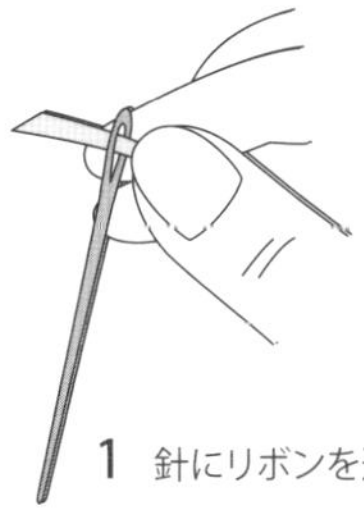

1 針にリボンを通します。

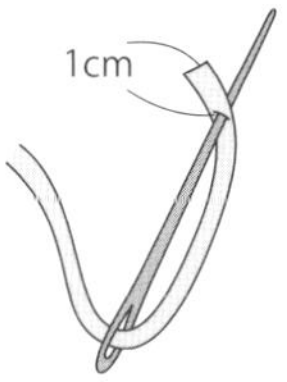

2 リボンの端の中央に針を刺します。

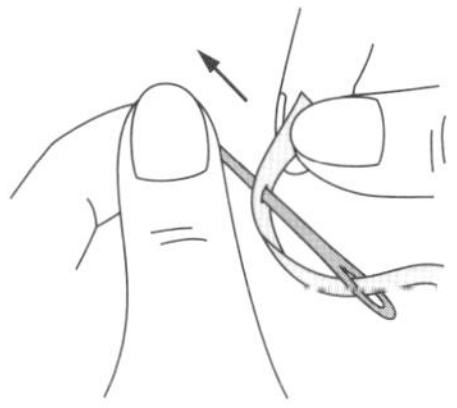

3 針先を持ってリボンを引きます。

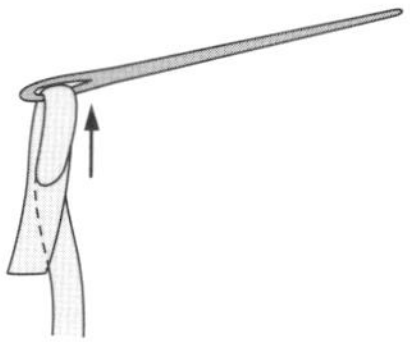

4 リボンの中央からリボンのループを引き出して上に引きます。

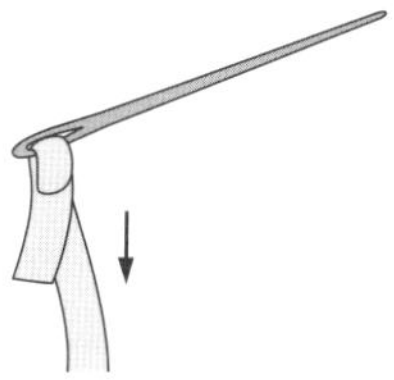

5 長い方のリボンを引いて、針のループを縮めます。

刺し始め

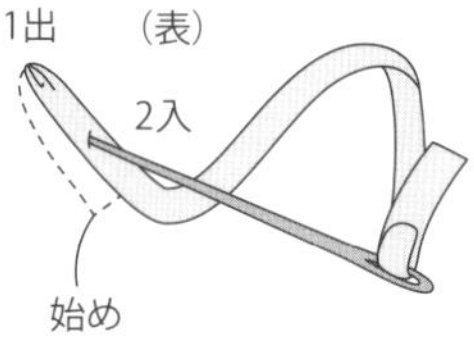

1 裏側から針を出してリボンを引き、リボンの中央に針を入れます。

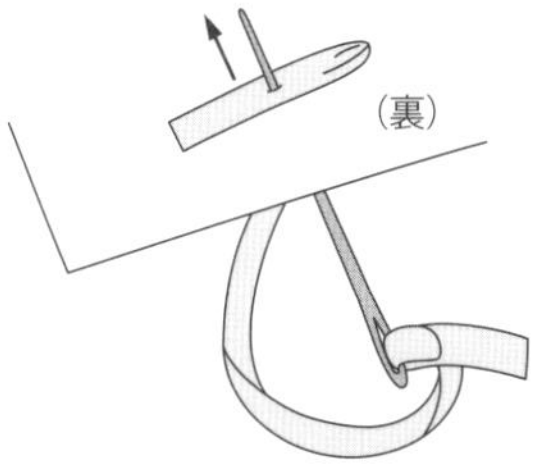

2 針を入れるとき、裏側のリボンも中央に針を入れます。

ストレートステッチ

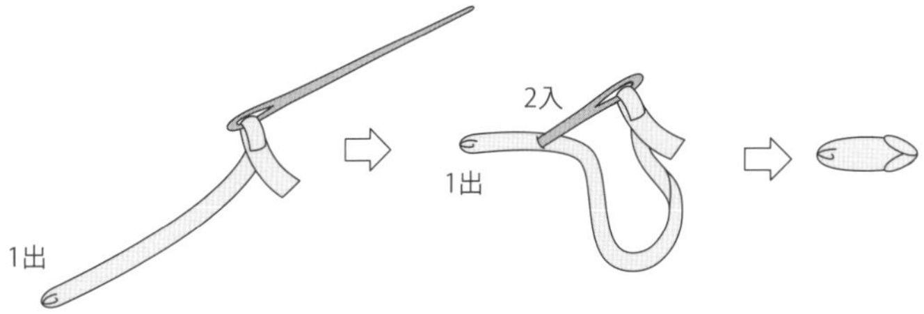

アウトラインステッチ

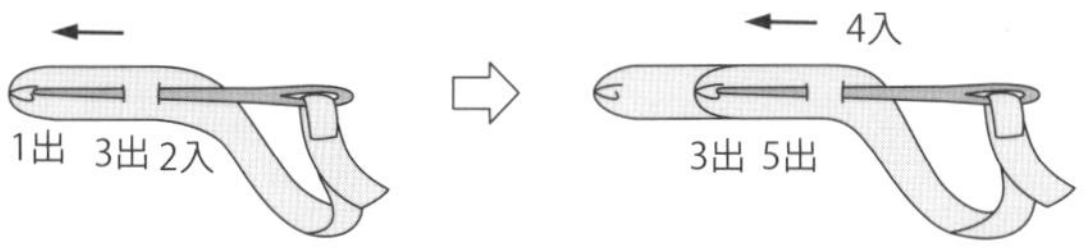

フレンチノットステッチ

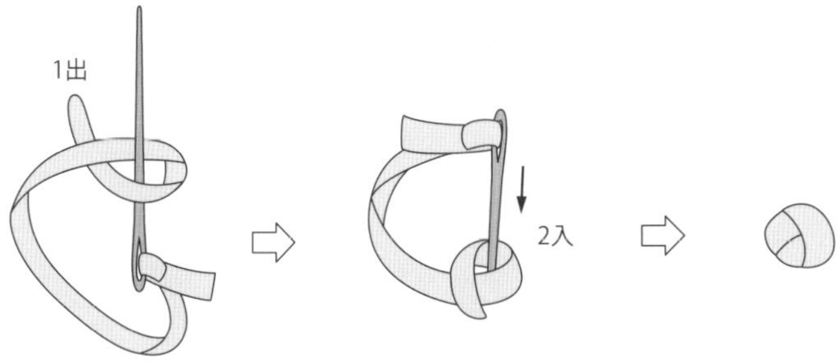

刺し終わり

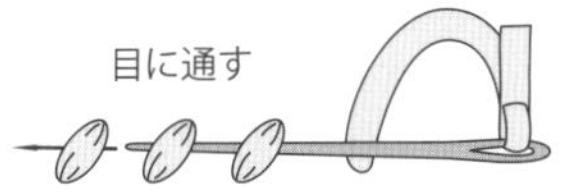

刺した目にリボンを通して糸を切ります。

サテンステッチ

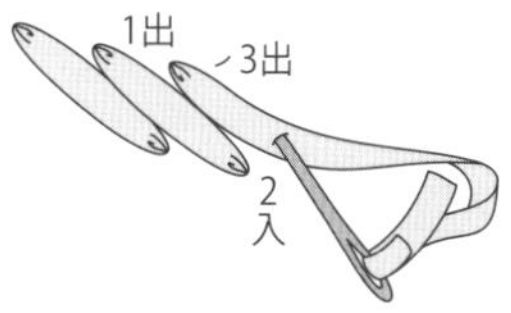

レイジーデイジーステッチ

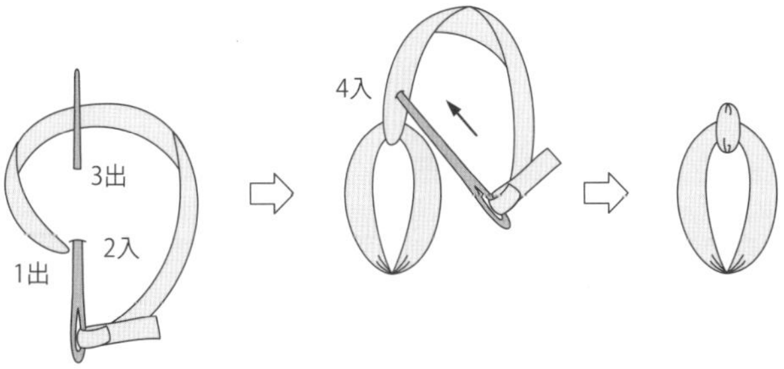

かぎ針あみ

わの作り目をして細編みを編む

わの作り目

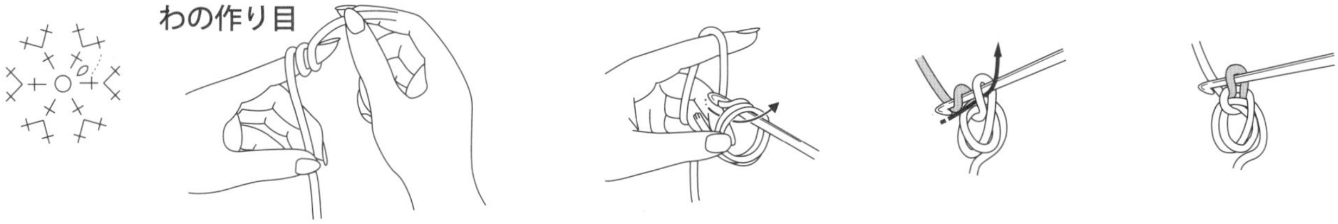

1 指に糸を 2 回巻きつけます。

2 わをはずし、長い糸を左手にかけ、交点を親指と中指で押さえます。わの中に針を入れ、糸を引き出します。

3 もう一度糸をかけて引き出し、

4 目をしめます。

1 段め

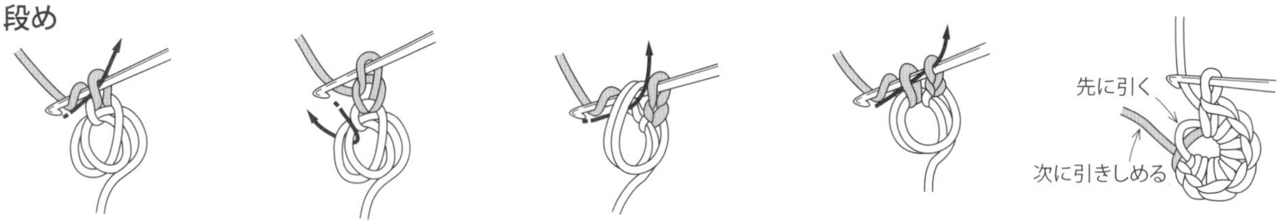

1 立ち上がりの鎖 1 目を編みます。

2 わの中に針を入れます。

3 糸をかけて引き出します。

4 さらに糸をかけて引き抜きます。

5 2 ～ 4 をくり返して細編みを 6 目編み、糸端を引いてしめます。

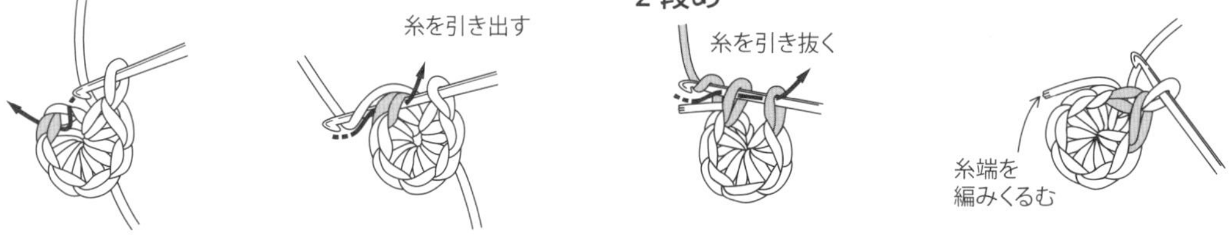

6 段の終わりは細編みの頭に針を入れます。

7 針に糸をかけて引き引き出し、

2 段め

1 細編みを編みます。

2 糸端は編み目の頭に沿うようにして、編みくるみます。

ビニールリングで編み始める

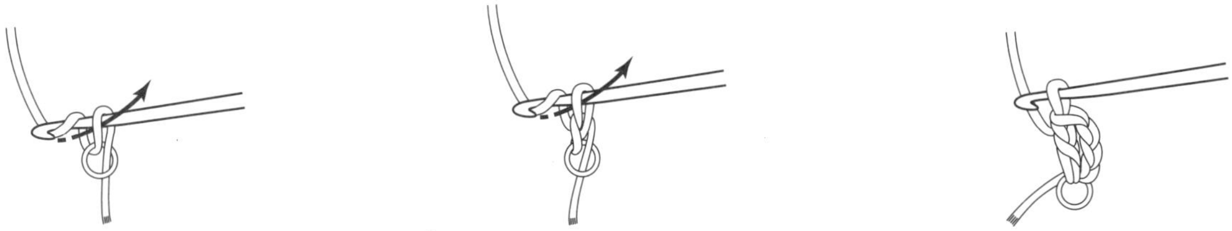

1 リングに針を入れ、糸を引き出して針に糸をかけて引き抜きます。

2 立ち上がりの鎖を編みます。

3 長編みを編み入れます。糸端はリングに沿わせて、編みくるんで始末します。

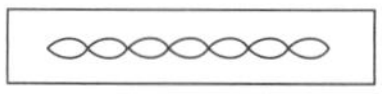

鎖編み（くさりあみ）

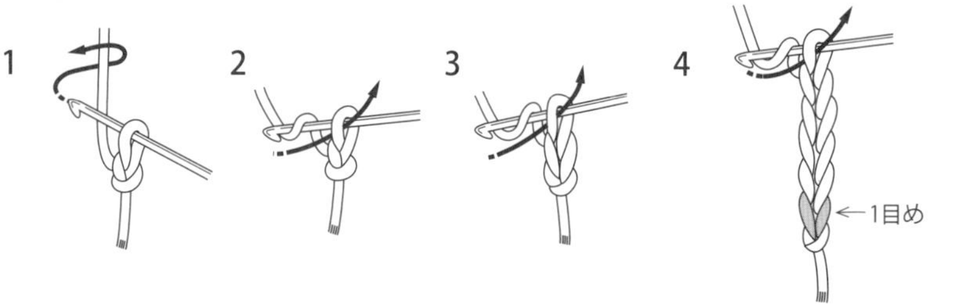

鎖目の半目と裏山を拾う

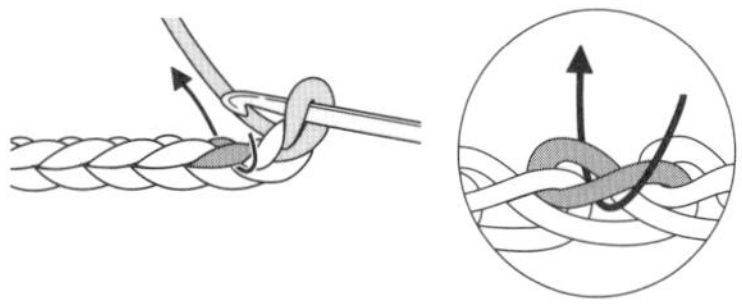

編み目記号

引き抜き編み（ひきぬきあみ）

1 前段の頭２本に矢印のようにかぎ針を入れます。

2 かぎ針に糸をかけて、矢印のように糸を引き抜きます。

3 ２目めも前段の頭２本にかぎ針を入れ、かぎ針に糸をかけて糸を引き抜きます。

4 以降、同じように前段の頭２本にかぎ針を入れ、糸を引き抜きます。

細編み（こまあみ）

1 前段の細編みの頭２本に矢印のようにかぎ針を入れます。

2 かぎ針に糸をかけて糸を引き出し、矢印のようにかぎ針に糸をかけて、

3 かぎ針にかかっている２ループを引き抜きます。

4 細編みのでき上がりです。以降１～３をくり返します。

中長編み（ちゅうながあみ）

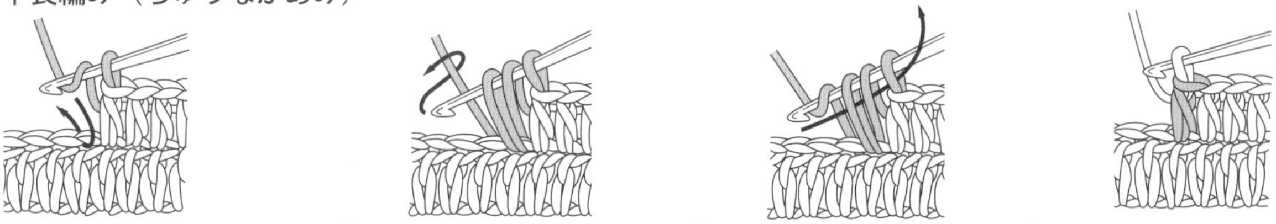

1 かぎ針に糸をかけて、前段の頭２本に矢印のようにかぎ針を入れます。

2 かぎ針に糸をかけて糸を引き出し、かぎ針に矢印のように糸をかけて

3 かぎ針にかかっている３ループから糸を引き抜きます。

4 中長編みのでき上がりです。以降、１～３をくり返します。

長編み（ながあみ）

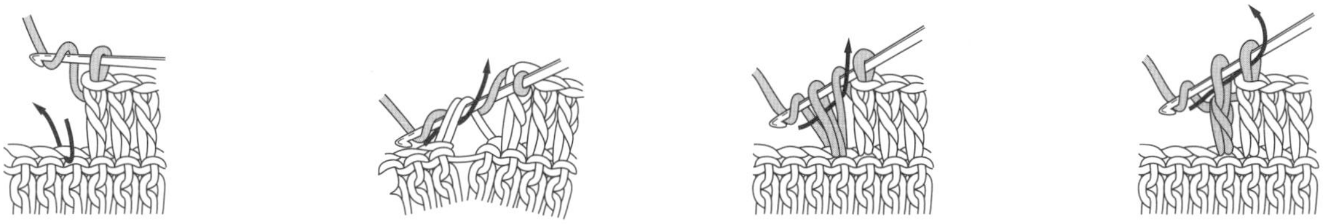

1 かぎ針に糸をかけて、前段の頭２本に矢印のようにかぎ針を入れます。

2 かぎ針に糸をかけて、矢印のように糸を引き出します。

3 かぎ針に糸をかけて、かぎ針にかかっている針先の２ループから糸を引き出します。

4 かぎ針に糸をかけて、かぎ針に残っている２ループを一度に引き抜きます。

長々編み（ながながあみ）

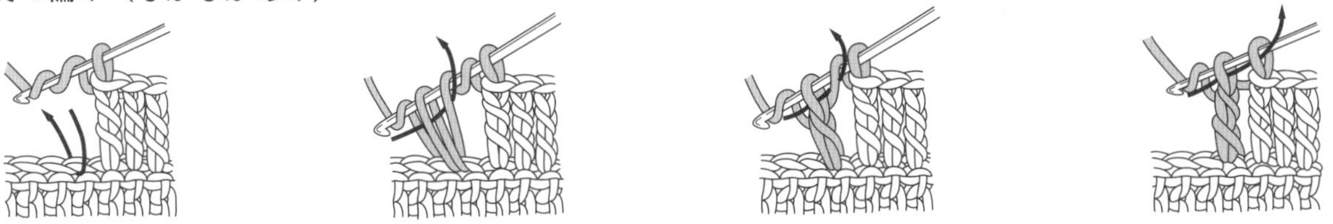

1 かぎ針に２回糸を巻いて、前段の頭２本に矢印のようにかぎ針を入れます。

2 かぎ針に糸をかけて糸を引き出し、かぎ針に糸をかけて、針先の２ループから糸を引き出します。

3 かぎ針に糸をかけて、針先の２ループから糸を引き出します。

4 かぎ針に糸をかけて、引き出した目と残りの１ループを引き抜きます。

細編み２目一度

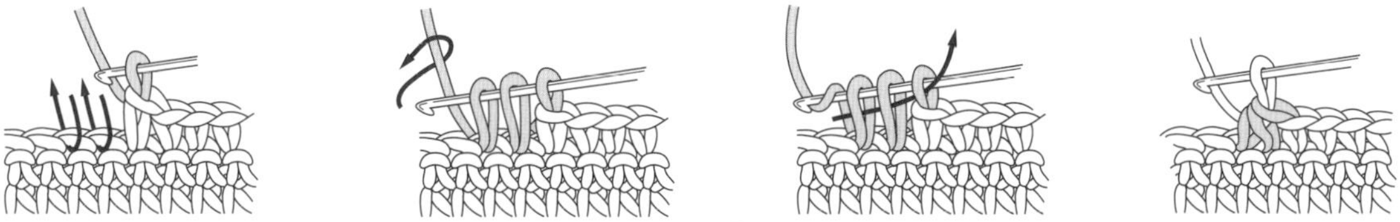

1 前段の２目の細編み頭２本にかぎ針を入れ、それぞれ糸をかけて引き出します。

2 かぎ針に糸をかけて、

3 かぎ針にかかっている３ループを一度に引き抜きます。

4 細編み２目一度のでき上がりです。

細編みのすじ編み

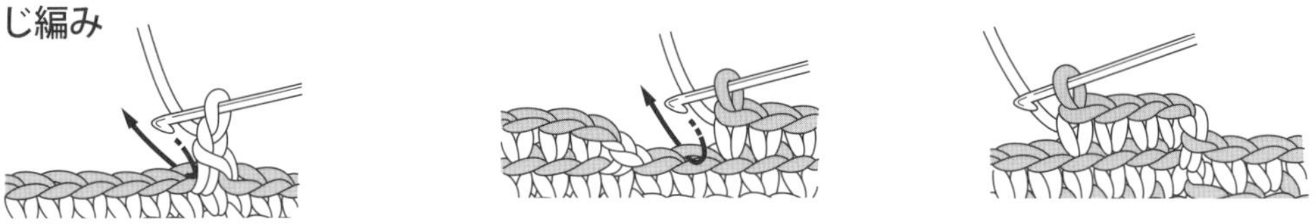

1 前段細編みの頭の向こう側１本にかぎ針を矢印のように入れ、細編みを編みます。

2 １段の編み終わりまで１と同じように前段細編みの頭の向こう側１本にかぎ針を入れて編みます。

3 毎段、前段細編みの頭の向こう側１本にかぎ針を入れて編みます。

細編みのうね編み

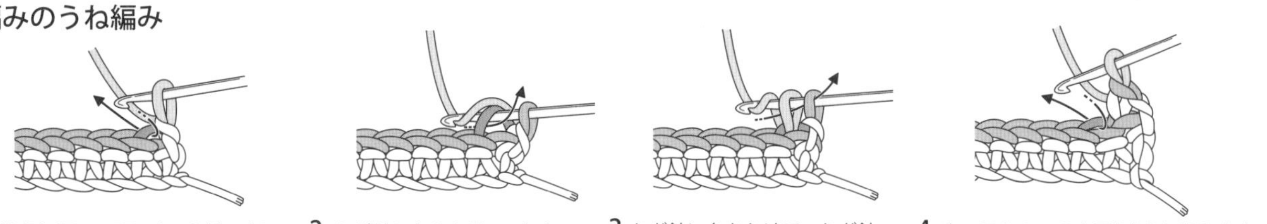

1 前段細編みの頭の向こう側１本にかぎ針を矢印のように入れます。

2 かぎ針に糸をかけて、矢印のように糸を引き出します。

3 かぎ針に糸をかけて、かぎ針の２ループを引き抜きます。

4 次の目も１～３と同じように編みます。以降、毎段前段細編みの頭の向こう側１本にかぎ針を入れて編みます。

長編み２目一度

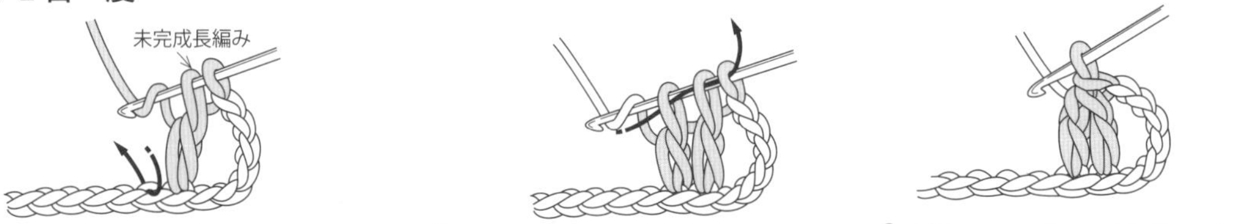

1 １目めの鎖の裏山にかぎ針を入れて未完成の長編みを編み、かぎ針に糸をかけて、次の目にかぎ針を入れ、

2 ２目めにも未完成の長編みを編みます。かぎ針に糸をかけて、かぎ針にかかっている３ループを一度に引き抜きます。

3 長編み２目一度のでき上がりです。

長編み３目の玉編み

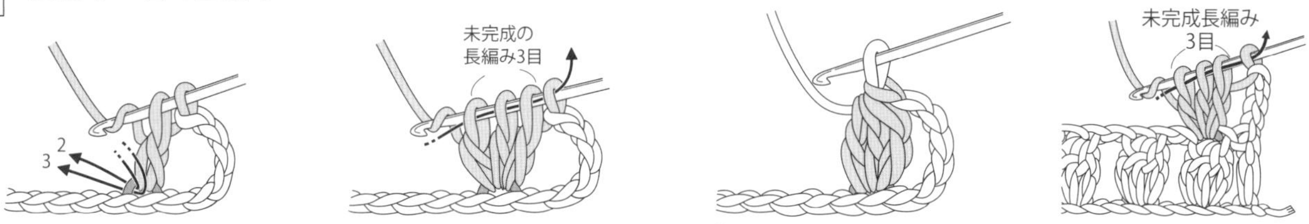

1 鎖の裏山に未完成の長編みを３目編みます。

2 かぎ針に糸をかけて、かかっている４ループを一度に引き抜きます。

3 長編み３目の玉編みのでき上がりです。

4 次の段は前段の頭鎖２本を拾って編みます。

中長編み３目の玉編み

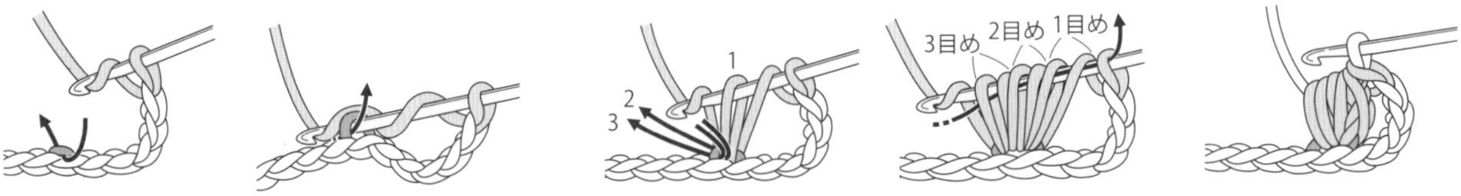

1 かぎ針に糸をかけて、鎖の裏山にかぎ針を入れます。

2 かぎ針に糸をかけて引き出します（未完成の中長編み）。

3 あと２目、同じ目に未完成の中長編みを編みます。

4 かぎ針に糸をかけて、かぎ針の７ループから一度に糸を引き抜きます。

5 中長編み３目の玉編みのでき上がりです。

鎖３目の引き抜きピコット

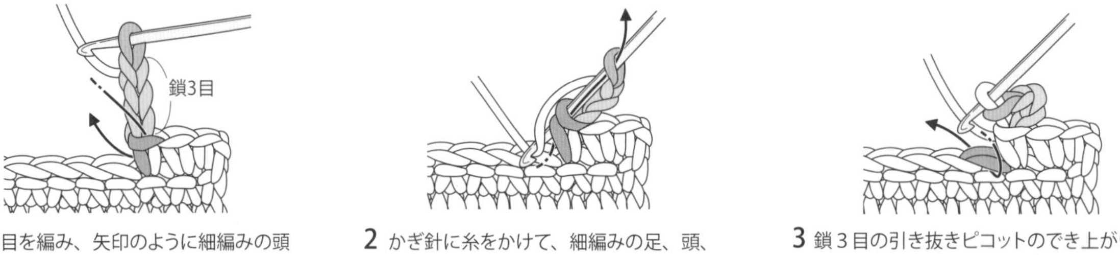

1 鎖３目を編み、矢印のように細編みの頭手前１本と足１本にかぎ針を入れます。

2 かぎ針に糸をかけて、細編みの足、頭、かぎ針の目を一度に引き抜きます。

3 鎖３目の引き抜きピコットのでき上がりです。次の目を編むとピコットが安定します。

巻きかがり

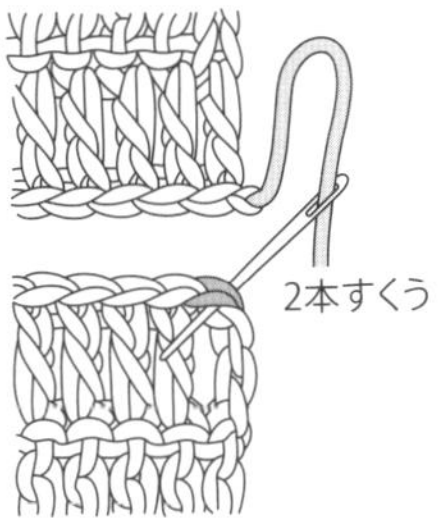

1 編み地の表側を2枚つき合せに持ち、長編みの頭の鎖をすくいます。

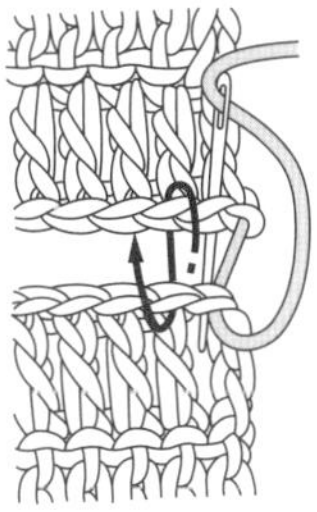

2 針は向こう側から手前に入れ、1目ずつ巻きかがりをします。

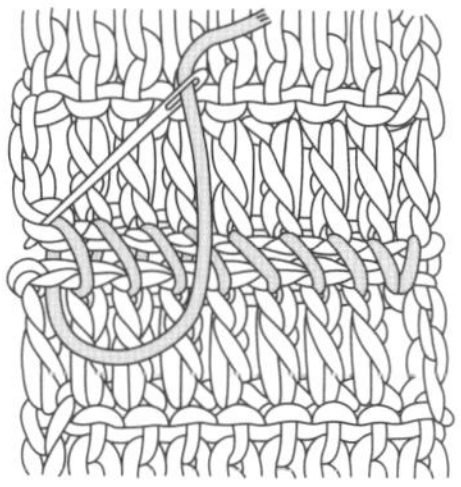

3 最後は同じ目に針を入れて、糸端を始末します。

ビーズ編み

ビーズの通し方

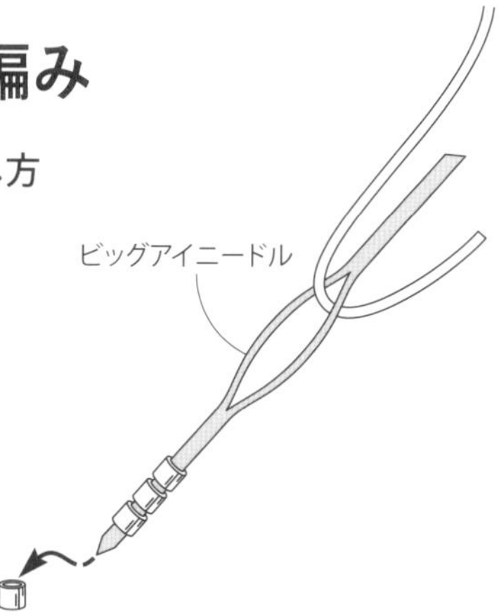

細編み

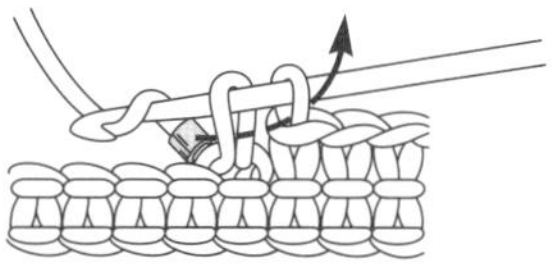

針に糸をかけて糸を引き出し、ビーズを入れて、もう一度針に糸をかけて残りの2ループを引き抜きます。

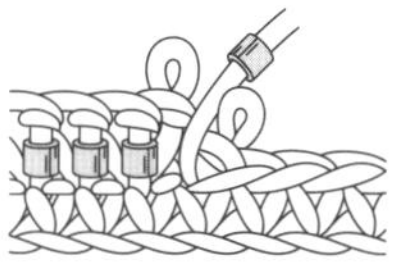

ビーズは裏目側に出ます。

長編み

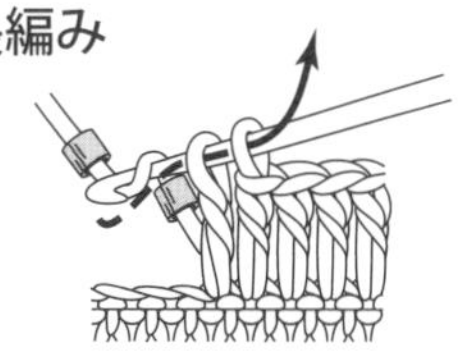

針に糸をかけて糸を引き出し、糸をかけて2ループだけ引き抜いてからビーズを入れて、もう一度針に糸をかけて残りの2ループを引き抜きます。

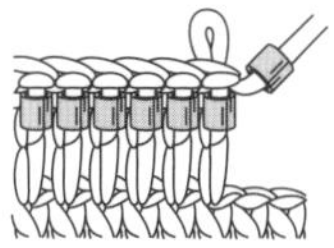

ビーズは裏目側に出ます。

長編みにビーズを2個編み入れる

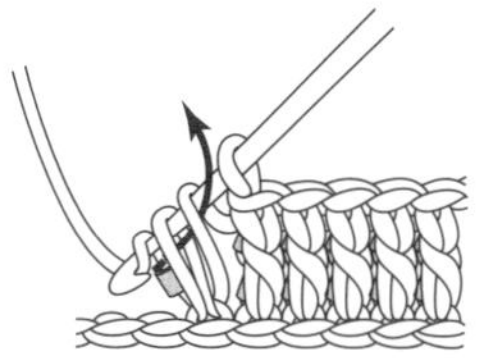

1 糸を引き出し、ビーズを入れてから糸をかけて2ループだけ引き抜きます。

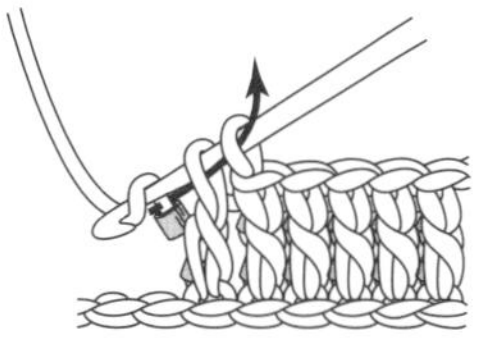

2 もう一度ビーズを入れてから針に糸をかけて残りの2ループを引き抜きます。

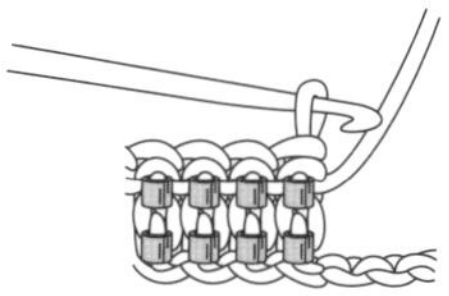

3 ビーズは縦に2個並んで裏目側に出ます。

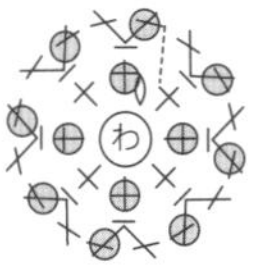

ビーズを編み入れながらぐるぐる編む

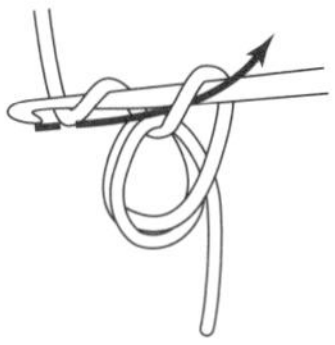

1 わの中から糸を引き出し、もう一度引き抜いて目をしめます。

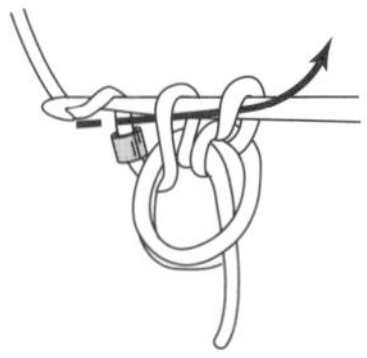

2 わから糸を引き出し、ビーズを入れてから針に糸をかけて引き抜きます。

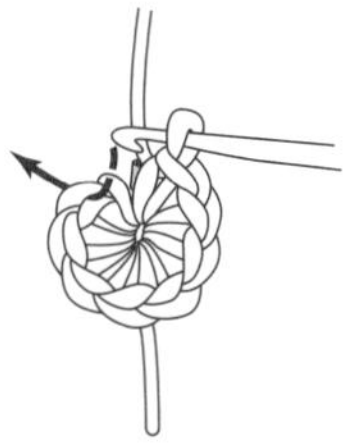

3 同様に指定位置にビーズを入れながら細編みを8目編みます。ビーズは裏目側に出ます。

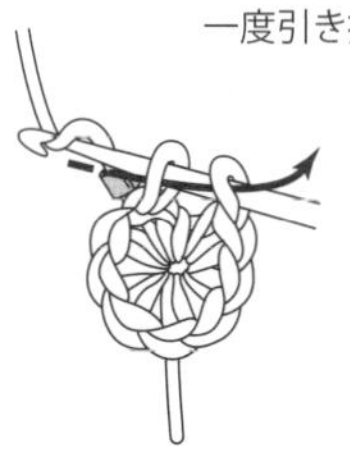

1 2段めからは立ち上がりの鎖を編まないで、向こう側の半目を拾い（すじ編み）、ビーズを編み入れていきます。

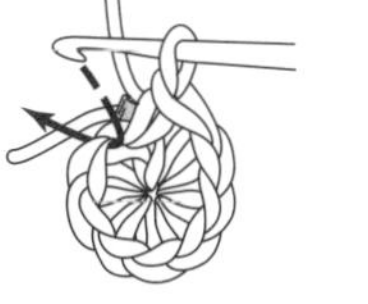

2 同じ半目に針を入れて、2目ずつ細編みを編んでいきます。

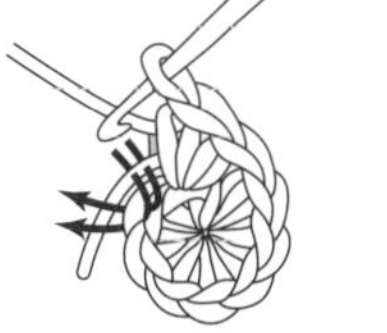

3 糸端はあとから表側（ビーズのない方）に出して、目立たないように始末をします。

使用素材協力会社（五十音順）

株式会社 アヴリル
京都市左京区一乗寺高槻町 20-1　TEL 075-724-3550
http://www.avril-kyoto.com/

アートファイバーエンドウ（A.F.E.）
京都市上京区大宮通椹木町上る菱屋町 820　TEL 075-841-5425
https://www.artfiberendo.co.jp/

株式会社イシイクラフト（ラフィア）
千葉県香取市佐原イ 1700　TEL 0478-54-5641

植村株式会社（INAZUMA）
京都市上京区上長者町通黒門東入杉本町 459　TEL075-415-1001
http://www.inazuma.biz/

エル・ミューゼ
東京都武蔵野市吉祥寺本町 2-22-5 マミール吉祥寺 202　TEL 0422-20-2051
http://www.l-musee.com/

株式会社エンドレス（パーツクラブ）
東京都台東区蔵前 1-4-1 エンドレスビル　TEL 0120-46-8290
http://www.partsclub.jp/

クロバー株式会社
大阪市東成区中道 3-15-5　TEL 06-6978-2277
http://www.clover.co.jp/

株式会社 ソウヒロ（Joint）
京都府長岡京市西の京 14-27　TEL 075-952-0253
http://www.joint-so.com/

大黒絲業株式会社（ヴィクトリアンシルク）
京都市中京区西ノ京月輪町 8　TEL 075-811-4121
http://www.daikoku-ito.co.jp/

ディー・エム・シー株式会社（DMC）
東京都千代田区神田紺屋町 13 番地 山東ビル 7F　TEL 03-5296-7831
http://www.dmc.com/

トスコ株式会社（ラミノ）
東京都中央区日本橋人形町 1-1-10　TEL 03-3667-2126
http://ramino.biz/

日本紐釦貿易株式会社（SR エンブロイダリーリボン）
大阪市中央区南久宝寺町 1-9-7　TEL 06-6271-7087
http://www.nippon-chuko.co.jp/

株式会社ファッション・パーキー（エクトリー）
愛知県名古屋市北区清水 2-8-4　TEL 052-991-7511
http://www.f-perky.co.jp/

フースフリーデン（NK ヤーン）
東京都新宿区新宿 1-14-1　TEL 03-3352-1920
http://husfliden.ocnk.net/

株式会社ホビーラホビーレ
東京都品川区大井 1-24-5 大井町センタービル 5F　TEL 0570-037-030
www.hobbyra-hobbyre.com/

株式会社町田絲店（ホワイトレーン）
東京都台東区駒形 1-1-1　TEL 03-3844-2171
http://www.machida-ito.co.jp/

株式会社 MIYuKI（MIYUKI、ファイヤーライン）
広島県福山市御幸町上岩成 749　TEL 084-972-4747
http://www.miyuki-beads.co.jp/

株式会社木馬（MOKUBA）
東京都台東区蔵前 4-16-8　TEL 03-3864-1408

モチーフ（MOTIF）
東京都武蔵野市吉祥寺本町 2-8-4 フォーラムビル 3F　TEL 0422-23-0569
http://www.mo-motif.com/

モンドフィル株式会社
京都市中京区西ノ京冷泉町 112　TEL 075-822-7111
http://mondo-fil.com/

横田株式会社（DARUMA）
大阪市中央区南久宝寺町 2-5-14　TEL 06-6251-2183
http://www.daruma-ito.co.jp/

ラティーフ（Latief）
東京都台東区浅草橋 1-28-4　TEL 03-5809-1840
http://www.latief.jp/

※本書の掲載作品に使われたすべての素材会社を
掲載しているわけではありません。

下田直子　手芸のイデー
NAOKO SHIMODA　Idées d'artisanat
発行日　2018 年 4 月 1 日
著　者　下田直子
発行人　瀬戸信昭
編集人　今ひろ子
発行所　株式会社　日本ヴォーグ社
164-8705　東京都中野区弥生町 5-6-11
TEL 03-3383-0628（販売）　03-3383-0645（編集）
出版受注センター　TEL 03-3383-0650　FAX 03-3383-0680
振　替　00170-4-9877
印刷所　株式会社東京印書館
Printed in Japan　© Naoko Shimoda 2018
NV70467　ISBN978-4-529-05786-8　C5077

下田直子　NAOKO SHIMODA

1953年東京生まれ。文化服装学院ハンディクラフト科卒業。
ニットメーカーの「一つ目小僧」「FICCE UOMO」などのデザイナーを経て渡米。
帰国後『毛糸だま』（日本ヴォーグ社）で発表されたニット作品が大好評を博し、
手芸作家として不動の地位を築く。
1993年福島県立美術館で開催された「現代の染織」展で現代作家の一人に選ばれる。
1998年手芸スクール「オフィス MOTIF」を設立。著書は現在まで 37 冊を数える。
2014年美術館えき KYOTO において「下田直子ハンドクラフト展—手芸って
おもしろい」を開催し 3 万人を動員、その後 2016 年日本橋三越、博多阪急、
2018 年東京中野のクラフティング・アート・ギャラリーと巡回展覧を行った。

スタッフ
製作協力　柿崎景子　櫻井由香　田口由香　戸田 泉　西尾直美　二宮温恵
松本かおる　水野佳子　石田牧子
トレース　高橋玲子　谷川啓子　まつもとゆみこ
編集協力　フリッパーデザインスタジオ　荒木嘉美　栗原千江子　斎藤あつこ

あなたに感謝しております　We are grateful.

手づくりの大好きなあなたが、この本をお選びくださいましてありがとうございます。
内容はいかがでしたでしょうか？
本書が少しでもお役に立てば、こんなにうれしいことはありません。
日本ヴォーグ社では、手づくりを愛する方とのおつき合いを大切にし、
ご要望におこたえする商品、サービスの実現を常に目標としています。
小社及び出版物について、何かお気づきの点やご意見がございましたら、
何なりとお申し出ください。
そういうあなたに、私共は常に感謝しております。

株式会社日本ヴォーグ社社長　瀬戸信昭
FAX 03-3383-0602